PUNIÇÃO E SENSIBILIDADE MODERNA

Dados Internacionais de Catalogação na Publicação (CIP)
(Câmara Brasileira do Livro, SP, Brasil)

Oliveira, Luciano
Punição e sensibilidade moderna : dos suplícios ao abolicionismo carcerário / Luciano Oliveira. – Petrópolis, RJ : Vozes, 2025.

Bibliografia.
ISBN 978-85-326-7121-9

1. Abolicionismo 2. Justiça restaurativa 3. Pena (Direito) 4. Prisões – Disciplina I. Título.

25-267825 CDD-364.6

Índices para catálogo sistemático:
1. Abolicionismo penal : Problemas sociais 364.6

Cibele Maria Dias – Bibliotecária – CRB-8/9427

Luciano Oliveira

PUNIÇÃO E SENSIBILIDADE MODERNA

Dos suplícios ao abolicionismo carcerário

EDITORA VOZES

Petrópolis

Rua Frei Luís, 100
25689-900 Petrópolis, RJ, Brasil
www.vozes.com.br

Editoração: Levindo Pereira
Diagramação: Victor Mauricio Bello
Revisão gráfica: Fernando Sergio Olivetti da Rocha
Capa: Érico Lebedenco

ISBN 978-85-326-7121-9
Este livro foi composto e impresso pela Editora Vozes Ltda.

Para Vânia – esposa e primeira leitora –,
a quem, no momento em que a
Indesejada chegar, quero poder dizer:
"foi bom!"

SUMÁRIO

APRESENTAÇÃO

Este livro trata de um objeto que a princípio parece um tanto vago: a "sensibilidade moderna". Esclareço, todavia, que não se trata de uma sensibilidade em abstrato, referida ao mundo de um modo geral, mas que tem por referência um objeto específico, o corpo dos nossos semelhantes, em relação ao qual essa *sensibilidade* tem como um dos traços mais característicos o "horror que inspira a crueldade física", como a defini, há tempos, noutro lugar (Oliveira, 1995, p. 109)[1]. Como espero demonstrar, essa "sensibilidade" não é algo meramente "espiritual", desprovido de força "material"; ao contrário, ela é algo que existe como fato sociológico, empiricamente verificável. Para tanto, meus indicadores empíricos são as formas de punição que as sociedades ocidentais primeiro, e em seguida as mais diversas sociedades mundo afora – submetidas à influência cultural, política e econômica das primeiras –, têm adotado como formas legítimas de castigar aqueles que infringem as leis penais. Daí o subtítulo do livro, apontando um percurso que começa nos suplícios em praça pública (que iam do "simples" açoite ao pavoroso esquartejamento com o condenado ainda vivo) e chega até os movimentos contemporâneos de abolição da prisão enquanto dispositivo punitivo por excelência. A tese aqui sustentada é a de que, numa temporalidade de "longa duração", a explicação para essa espiral *ascendente* não pode dispensar, ainda menos menosprezar, a existência de uma sensibilidade como um dos elementos impulsionadores das mudanças que se deram na lei penal a partir de finais do século XVIII e continuam se dando até hoje.

"O afrouxamento da severidade penal no decorrer dos últimos séculos é um fenômeno bem conhecido dos historiadores do direito", diz Michel Foucault (2014, p. 21) no arquiconhecido *Vigiar e punir*, um livro que será amplamente discutido no curso deste. A afirmação foucaultiana poderia ser

1. Essa expressão, com o mesmo sentido, é também usada por David Garland (1999, p. 282), para quem a "sensibilidade moderna" se define por uma "aversão à violência física e ao sofrimento corporal".

inteiramente subscrita por mim, mas já o que vem logo em seguida levanta certas reservas de minha parte. Cito-o:

> Entretanto, [esse afrouxamento] foi visto, durante muito tempo, de forma geral, como se fosse fenômeno quantitativo: menos sofrimento, mais suavidade, mais respeito e "humanidade". Na verdade, tais modificações se fazem concomitantes ao deslocamento do objeto da ação punitiva (Foucault, 2014, p. 21).

Por que as reservas? Porque a frase expõe, na sua essência, aquilo que pensa Foucault sobre as mudanças que ocorreram entre finais do século XVIII e inícios do século XIX na lei penal dos países europeus, quando o espetáculo da "arte das sensações insuportáveis" que eram os suplícios, executados em praça pública, foi substituído por uma "economia dos direitos suspensos" (Foucault, 2014, p. 16) que caracteriza a forma de punição que substituiu os suplícios: a prisão. Ou seja, não teria sido por uma preocupação com "menos sofrimento, mais suavidade, mais respeito e 'humanidade'" em relação aos condenados que os suplícios foram abolidos; eles o foram, "na verdade", porque ocorreu um "deslocamento do objeto da ação punitiva". Qual? Ei-lo: "À expiação que tripudia sobre o corpo deve suceder um castigo que atue, profundamente, sobre o coração, o intelecto, a vontade, as disposições" (Foucault, 2014, p. 21). Por quê? Porque agora, no novo regime penal, a função da pena deixa de ser o martírio dos corpos e passa a ser a produção de sujeitos politicamente dóceis e economicamente produtivos, segundo as exigências do que ele vai chamar de "sociedade disciplinar".

Em relação a esse último detalhe, nada a opor. A questão é que a explicação foucaultiana evacua a possibilidade de que a "nova economia das penas" possa *também* ser lida como um "progresso do humanismo"; como tendo a ver, *também*, com um sentimento de comiseração pelo sofrimento dos supliciados. Foucault não leva a sério um aspecto que julgo crucial para o entendimento dessa história, a saber, a crueldade inerente aos castigos físicos, capaz de mobilizar contra eles a "piedade" no sentido adotado por Rousseau (1973, p. 259) no célebre *Discurso* apresentado à Academia de Dijon em 1754, definindo-a como "uma repugnância inata em ver sofrer seu semelhante", e colocando-a como um dos princípios fundamentais da lei natural.

Se Foucault é citado logo de saída é porque, de um lado, seu livro sobre a prisão tornou-se um clássico incontornável sobre o assunto; de outro, porque há divergências substanciais entre a leitura foucaultiana do "afrouxamento" dos castigos penais e a leitura que é adotada neste livro –

que, justamente, investe na hipótese "humanista" por ele negligenciada, quando não simplesmente desdenhada. Na contramão da tese foucaultiana, este livro explora a hipótese de que, para além das razões políticas e econômicas que Foucault apresenta como explicação para as mudanças que ocorreram na lei penal, uma sensibilidade de novo tipo, "moderna", foi um elemento crucial para a abolição dos castigos físicos e sua substituição pela prisão. Da mesma forma que foi também idêntica sensibilidade que impulsionou a abolição da tortura judicial nessa mesma época. Para a hipótese central deste livro, há que se procurar no que é comum aos suplícios e à tortura – a crueldade que lhes é inerente – um dos motivos cruciais para as mudanças que ocorreram nas leis penais a partir de fins do século XVIII.

Devo dizer que faz mais de 40 anos que tomei contato com a obra de Michel Foucault. Foi um encontro desconcertante. Vivia-se o processo de "abertura" política do General Figueiredo e o tema dos direitos humanos estava na ordem do dia. Eu, que cursara a universidade nos "anos de chumbo" da ditadura militar e tivera alguns colegas presos e torturados, tinha abandonado uma carreira jurídica e ingressado numa pós-graduação em sociologia. Acalentava um tanto vagamente a ideia de escrever uma tese sobre a questão dos direitos humanos no Brasil. Como todo mundo à época, tinha algum verniz de marxismo haurido principalmente em manuais, mas era sobretudo um humanista típico daqueles que saem das faculdades de Direito: o direito penal moderno era justo – injusta era sua aplicação; e Beccaria, o nome mais importante do chamado "humanismo penal", autor do livro *Dos delitos e das penas*, o mais vigoroso e mais bem sucedido libelo contra as torturas e os suplícios, publicado no longínquo ano de 1764, era um dos ídolos de nossa devoção. Mas eis que, no ano da graça de 1980, meu orientador no mestrado pôs na minha mão *Vigiar e punir*. Tomei um susto.

Ninguém que tenha lido esse livro notável esquece seu espetacular começo: transcrevendo textos de jornais da época, Foucault expõe, um em seguida ao outro e sem qualquer transição, o famoso suplício de Damiens, ocorrido em 1757 na Praça da Grève, em Paris, e o regulamento do cotidiano de uma prisão francesa de 1832, onde os instrumentos do carrasco arrancando pedaços do corpo do supliciado, antes do apoteótico esquartejamento final, foram substituídos pela monotonia de intermináveis horas dedicadas a trabalho, silêncio e orações por parte dos presos. É nisso que consiste o "afrouxamento". Mas, segundo Foucault, não podemos nos abandonar ingenuamente à ficção idealista de uma sensibilidade que não suporta o espetáculo dos suplícios como explicação para sua abolição, insistindo na tese segundo a qual o fim dos suplícios e a generalização da prisão não teriam sido nada mais do que uma nova "estratégia para o remanejamento do poder de punir, de acordo com modalidades que o tornam mais regular, mais eficaz, mais constante e mais bem detalhado em seus efeitos" (Foucault, 2014, p. 80-81). Foucault parece comprazer-se em chocar o leitor ingênuo, aquele que sempre pensou que a punição pelo encarceramento era, apesar de tudo o que a prisão tem de horrível, mais humana (em todo caso, menos pavorosa) do que os suplícios de que padeceu Damiens. Eu me incluía, como ainda me incluo, entre esses leitores. É possível que meu leitor, também.

Mobilizando uma bibliografia pouco divulgada no Brasil, este livro propõe uma releitura da crítica foucaultiana ao "humanismo penal", sustentando a tese de que, ao lado de recônditas razões econômicas e políticas, há que se levar em conta, para explicar o reformismo penal do final do século XVIII, uma "sensibilidade" que continua fazendo seu caminho, já agora tendo por alvo a própria prisão. Com efeito, a partir do último quarto do século que passou, e malgrado o fenômeno do superencarceramento, surgem movimentos abolicionistas da própria prisão como "rainha das penas", impulsionados, a meu ver, pela mesma sensibilidade, ainda que num outro patamar, contra as "dores inúteis" (Laski, 1953) que lhe deu origem – fenômeno também presente mesmo num país violento e punitivista como o Brasil, como veremos.

Em termos analíticos – se for necessário nomear um "marco teórico" –, este livro poderia se inscrever na perspectiva conhecida como "história das mentalidades". É uma perspectiva sobre a qual já se disse – invertendo a famosa tópica marxista de uma base material sobre a qual se ergue todo um edifício ideológico – que sua *démarche* "transferiu-se da base econômica para a 'superestrutura' cultural", ou seja, como já foi dito anedoticamente, "do porão ao sótão" (Burke, 2010, p. 91). Não se trata de desconsiderar nem os interesses materiais, nem a chamada "infraestrutura econômica", mas de considerar "o problema das relações do indivíduo e da coletividade, da iniciativa pessoal e da necessidade social que é, talvez, o problema capital da história". A frase é de Lucien Febvre (2018, p. vii), na abertura do livro *Martinho Lutero, um destino*, publicado em 1928, considerado um dos marcos fundadores da historiografia que veio muito tempo depois (por volta dos anos de 1960) a ser conhecida como "das mentalidades" (Burke, 2010, p. 47). Há nela uma reação aos mais variados determinismos (o marxismo em primeiro lugar), uma "redescoberta da importância do agir em oposição à estrutura" e uma "preocupação com a liberdade humana" (Burke, 2010, p. 117). Voltando ao *Lutero* de Febvre, o autor adverte que não se trata simplesmente de uma biografia, mas de colocar a "vitalidade singular" (Febvre, 2018, p. vii) de um homem no contexto da sua época e das lutas que então travavam príncipes e burgueses alemães com a potência até então incontrastável do papado. Mas, esclarece Burke, ao mesmo tempo Febvre "recusou-se a reduzir as ideias de Lutero a um reflexo dos interesses da burguesia", e seu livro expressa um "forte desejo de não reduzir atitudes e valores espirituais a meras expressões de transformações na economia ou na sociedade" (Burke, 2010, p. 35). Essa é uma *démarche* que adoto neste livro.

Autores importantes na constituição de uma sensibilidade "humanitária" no século XVIII, como Rousseau e Beccaria (mas também Montesquieu, Voltaire etc.), teriam sido homens, como Lutero, dotados de uma "vitalidade singular". Eles seriam o que Howard Becker (2008, p. 153) chamou de "empreendedores morais". Becker, um liberal norte-americano típico, a princípio não os vê com especial simpatia, pois os considera verdadeiros "cruzados", com tudo o que isso implica em julgamento negativo. Como tal, o empreendedor costuma ser "fervoroso e probo" – mas, acrescenta Becker, "muitas vezes hipócrita". O alvo de sua pouca simpatia são os puritanos do seu país que criminalizaram drogas como a maconha e, num delírio fundamentalista que não deu certo, a fabricação e o comércio de álcool com a famosa Lei Seca, nos anos de 1920. Para Becker, "esses exemplos sugerem que o cruzado moral é um intrometido, interessado em impor sua própria moral aos outros". Mas nosso autor não é apenas um crítico mordaz de tais figuras, pois ele mesmo lembra que "esta é uma visão unilateral". E concede: "Muitos cruzados morais têm fortes motivações humanitárias", lembrando a luta dos abolicionistas que, em nome da igualdade e da dignidade humanas, lutaram contra a escravidão nos Estados Unidos no século XIX (Becker, 2008, p. 154).

Empreendedores morais (independentemente de serem do "bem" ou do "mal", aliás) são figuras fascinantes, sociologicamente falando, pois eles são capazes de influir ou até de estabelecer novas formas de percepção do mundo; novas "sensibilidades", em suma. Na perspectiva que adoto, elas não são puras ideias sem pé nem cabeça. Elas têm uma força "material" desde que encontrem pessoas dispostas a pô-las em prática; numa palavra, elas têm um "corpo". Nesse sentido, a corrente das "mentalidades" se opõe àquilo que um Auguste Comte, protofundador da disciplina, anunciava como a vocação própria da sociologia, a de ser "uma história sem nomes" (cf. Burke, 2010, p. 20). Ora, sensibilidades têm "portadores", e eles, quando se tornam militantes, podem ser bem-sucedidos nas lutas que empreendem – para o "bem" ou para o "mal", repito. Quando isso acontece, a sensibilidade que eles portam se torna uma variável explicativa com direito de assento na *polis* sociológica como qualquer outra. Foi o que aconteceu entre fins do século XVIII e inícios do XIX com o "reformismo penal" dos iluministas europeus; como é o que acontece hoje com o movimento do "abolicionismo carcerário" que, malgrado tudo, continua fazendo seu caminho.

* * *

Este livro retoma questões afloradas inicialmente numa tese de doutorado defendida em 1991 na Escola de Altos Estudos em Ciências Sociais, em Paris, versando sobre "os direitos humanos e o pensamento político de esquerda no Brasil" (Oliveira, 1995), e parcialmente exploradas depois num pequeno livro sobre o "retorno da tortura" (Oliveira, 2009). De uns anos para cá, voltei às questões ali abordadas, aprofundando-as, e escrevi artigos avulsos publicados em revistas acadêmicas, referenciados nas Referências ao final do volume (cf. Oliveira, 2011, 2016, 2017, 2021a, 2021b). Correndo o risco da repetição – às vezes literal –, o livro retoma o essencial do que já escrevi sobre o assunto, dando-lhe um novo formato e acrescentando novos dados, temas e reflexões que fecham (pelo menos momentaneamente), se não uma "obra" (a pretensão me parece exorbitante), pelo menos um *pensamento* – cujo valor só o leitor pode aquilatar.

Nesse percurso, que começou há muitos anos, sou devedor de várias pessoas, e tentar nomeá-las seria uma tarefa necessariamente injusta, pelo esquecimento que o tempo impõe à nossa memória. Assim mesmo, não poderiam aqui faltar algumas pessoas (algumas já falecidas) que não esqueci e que foram importantes – institucional e afetivamente falando – para o trabalho até agora feito. Em uma primeira fase, Joaquim Falcão, meu orientador no mestrado, aquele que primeiro pôs um livro de Michel Foucault na minha mão; Claude Lefort, meu orientador no doutorado, que me deixou à vontade para desenvolver minhas ideias e, na defesa da tese, me defendeu junto a uma banca nem sempre convencida do meu arrazoado um tanto *idealista*; Roberto Machado, o amigo brasileiro de Michel Foucault, que mais de uma vez me incentivou na minha leitura crítica do filósofo francês; Alexandrina Moura, Affonso Pereira e Lúcia Calixto, colegas de trabalho na Fundação Joaquim Nabuco, e que, no Brasil, deram suporte à minha ausência durante o doutorado; Wanda Capeller-Arnaud, Leonel Severo Rocha e João Gualberto, os amigos mais próximos nos meus anos parisienses, com quem primeiro discuti algumas das questões abordadas na tese. Em uma segunda fase – a da retomada da tese de doutorado –, agradeço a Sérgio Ferraz,

Emmanuel Pedro Ribeiro e José Reinaldo de Lima Lopes, velhos amigos que se tornaram preciosos interlocutores em assuntos pouco discutidos por aqui; Silke Weber, que sempre foi uma leitora atenta e generosa do que escrevi nos últimos anos e que, mesmo sem disso se dar conta, se tornou uma espécie de "leitora-ideal" minha; Hugo Santos e Izaías Novaes, amigos mais recentes que, além de me presentearem com valiosas indicações bibliográficas, por vezes me brindaram com os livros indicados. E por último, mas não menos importante, Isabel, que me deu uma força num momento em que quase tinha desistido de escrever este livro.

1

OS SUPLÍCIOS

1.1 Uma nova sensibilidade

> Quando ouvi os gritos dilacerantes do infeliz, fui forçado a virar o rosto e tapar os ouvidos.
> Giacomo Casanova, *Memórias*

Paris, 28 de março de 1757. Os parisienses se acotovelavam na Praça da Grève para assistir ao famoso suplício de Damiens, e Giacomo Casanova, que se encontrava na cidade, era um dos afortunados espectadores que tinham alugado um balcão para assistir ao suplício, porque uma *charmante amie* tinha mostrado interesse em ir ao "espetáculo". Robert-François Damiens, um tipo meio aparvalhado que feriu levemente o Rei Luís XV com um canivete, conheceu no próprio corpo, durante horas, a "arte das sensações insuportáveis" – como dirá Michel Foucault (2014, p. 16) dois séculos mais tarde – exercitada pelo carrasco de Paris, que lhe arrancava pedaços de carne com tenazes e vertia chumbo derretido nas feridas, até ser esquartejado, ainda vivo, por cavalos atados aos seus braços e pernas. Casanova relata o episódio nas suas *Memórias*, mas praticamente nada diz sobre o que se passou no cadafalso instalado na frente da janela onde se achava. Mais interessado na *amiga* que assistia a tudo com interesse (a quem ele, com o corpo, apertava por trás contra o parapeito da janela), o memorialista se desculpa junto ao leitor por não fornecer uma descrição do que se passava na praça, porque "tais horrores são um ultraje à natureza" (Casanova, 1880, p. 400). Aí ele virou o rosto e tapou os ouvidos.

Casanova não era nenhum santo. Ele tinha ido a Paris para uma audiência com um influente embaixador francês com quem houvera partilhado uma amante em Veneza, e junto a quem tentava obter um posto no serviço diplomático. A viagem, assim, tinha por objetivo arranjar uma sinecura, e a ida à Praça da Grève fora motivada por segundas intenções. Mas era um homem sensível. E não era um caso isolado. Afinal, apesar dos espectadores ululantes em torno do cadafalso onde Damiens foi trucidado, estamos no século do movimento político e intelectual conhecido entre nós como Iluminismo, no bojo do qual a reforma da justiça e o fim das penas cruéis como a que Casanova não ousou descrever figuravam entre as reivindicações que eram endereçadas ao *Ancien Régime*. O veneziano era um frequentador dos salões onde se gestavam as ideias que mais tarde alimentariam a grande combustão de 1789, e chegou a ter uma figura ilustre como Voltaire entre seus correspondentes. Em 1764, apenas sete anos após o calvário de Damiens, é publicado o pequeno livro de um seu conterrâneo, Cesare Beccaria – *Dos delitos e das penas* –, confessadamente inspirado no que à época se chamava de "ideias francesas". O contundente libelo contra as torturas e os suplícios – como informa a historiadora Lynn Hunt – logo se tornou um grande sucesso de público[2]. Livros, verbetes e panfletos atacando os métodos cruéis da justiça penal da época já existiam, mas dessa vez "o fio d'água das publicações se tornou uma torrente" (Hunt, 2009, p. 103).

O suplício de Damiens passou à história como um marco na crônica dos sofrimentos mais infames que o homem é capaz de infligir ao próprio homem. Descrito à saciedade pelos jornais da época, repercutiu pelo país inteiro. Mas não só nele. Em uma época de grandes mudanças nas estruturas sociais e políticas dos países europeus, reformas nos seus sistemas de justiça estavam na ordem do dia, e o caso de Damiens, avatar sombrio "dos séculos mais bárbaros" (Beccaria, 2015, p. 15) em pleno "século das Luzes", repercutiu além-fronteiras. Em Berlim, já no dia seguinte à execução, um jornal "fornecia os detalhes aos seus leitores" (Spierenburg, 1984, p. 84). E no outro lado do Canal da Mancha, Jeremy Bentham, então um garoto de apenas 9 anos, guardou-o na memória, a ponto de, anos depois, lendo um livro sobre a antiga legislação inglesa, ter anotado à margem que "seus

2. Na Itália e na França, para onde logo foi traduzido, as edições se sucediam. Vertido para o inglês, apareceu primeiro em Londres, e na sequência, na Escócia e na Irlanda; e no outro lado do mar, na Filadélfia. Traduções alemãs, holandesas, polonesas e espanholas apareceram pouco depois.

gritos" devem ter provocado "no espírito dos espectadores uma impressão a não ser esquecida" (*apud* Semple, 1992, p. 114).

Havia uma nova sensibilidade no "ar do tempo", para usar uma expressão bem francesa. Já não se tratava – essa sensibilidade – do devaneio de um ou outro espírito sensível isolado, sem maiores consequências, mas de um fato histórico objetivo e cada vez mais volumoso, perceptível em livros, jornais, discursos e petições. No ano de 1789, Luís XVI, numa tentativa que se revelou desastrosa de salvar seu combalido reino, convocou os "Estados Gerais", uma instituição que remontava ao século XIV, havia muito em desuso, e que consistia numa consulta às várias circunscrições da nação encarregadas de eleger seus representantes, repartidos pelas três ordens clássicas – nobreza, clero e terceiro estado – que compunham o *Ancien Régime*. As queixas e anseios da população eram reunidas em "cadernos" conhecidos como *Cahiers de doléances* (literalmente, "cadernos de queixas") que eram enviados ao rei. Pois eis que, como informa Lynn Hunt (2009, p. 108),

> a campanha pela reforma penal na França foi tão bem-sucedida que em 1789 a correção dos abusos no código criminal constituía uma das questões mais frequentemente citadas nas listas de queixas[3] preparadas para os futuros Estados Gerais.

Essa nova sensibilidade iria gerar efeitos concretos. Foi o que aconteceu em 1791, pouco mais de três décadas depois do suplício de Damiens, quando os revolucionários franceses, reunidos em Assembleia Nacional, puseram-se à tarefa de adotar um código penal para substituir as velhas ordenações reais que previam os suplícios, e as ideias de Beccaria, mas também de Voltaire e Rousseau, foram votadas e passaram a valer. A Revolução Francesa foi um acontecimento de uma violência singular: cortou muitas cabeças, promoveu muitos massacres, institucionalizou o Terror, mas não torturou nem esquartejou ninguém em praça pública. Tais atos encontrariam a mais viva reprovação por parte do seu imaginário. Na época, eram comuns os concursos promovidos por academias sobre os mais diversos assuntos de interesse público. Em um deles, sobre a reforma da justiça penal, um dos futuros líderes da revolução, Jean-Paul Marat, propunha "conciliar a doçura com a certeza dos castigos". Sobre a pena de morte, dizia:

> A vida é o único bem deste mundo sem preço. Assim, a justiça quer que a pena para o homicídio premeditado seja capital. [...]

---

3. Referência aos *Cahiers de doléances*.

> Por mais atroz que ele seja e sob qualquer denominação que se dê, o castigo deve ser ignominioso [...], sem chegar a ser cruel. [...] Assim [...], que o aparato do castigo seja horroroso, mas que a morte seja suave (Marat, 2008, p. 112).

No código penal aprovado em 1791, que se abria com um capítulo sobre as penas, o seu artigo segundo declarava solenemente: "A pena de morte consistirá na simples privação da vida, sem que possa jamais ser exercida qualquer tortura contra os condenados". E o artigo terceiro esclarecia: "Todo condenado à morte terá a cabeça cortada". A guilhotina, por sua instantaneidade, será o "horrível aparelho" dessa "morte suave". Foi o que aconteceu com Charlotte Corday em 17 de julho de 1793, em Paris, condenada à guilhotina por ter assassinado justamente Marat, o autor da ideia de "morte suave".

Como Damiens, a jovem Corday também ouvia vozes e saiu do interior da França para ir à capital com a firme determinação de salvar o país. O primeiro, matando Luís XV; a segunda, matando Marat, revolucionário radical e editor do jornal *O Amigo do Povo*, através do qual conclamava as massas para massacrar os inimigos da Revolução. Instalado em sua banheira de água morna onde mergulhava para aliviar os incômodos de uma doença de pele e escrevia seus artigos inflamados, Marat permitiu que a jovem – que insistia em vê-lo dizendo ter "segredos muito importantes para a salvação da República a lhe revelar" (*apud* Lecherbonnier, 1989, p. 237) – adentrasse o recinto. Com o peito nu, foi facilmente apunhalado no coração e teve morte imediata. Vivia-se o auge do período conhecido como o do "Terror", do qual Marat era um dos grandes insufladores, mas, em que pese isso, Corday, que havia cometido um crime de certa forma comparável ao regicídio tentado por Damiens, recebeu um tratamento respeitoso e não sofreu nenhuma tortura, como previa a nova lei penal. O contraste entre os tratamentos a que um e outra foram submetidos demonstra que a "sensibilidade moderna", longe de ser mero devaneio, foi um fator real na mudança que se operou no sistema de justiça penal.

Mas voltemos ao livro de Foucault e seu início impactante, com a justaposição, a seco, dos horrores dos suplícios e da monotonia da prisão que lhes sucedeu. Para surpresa do leitor, esse corte espetacular não tem por finalidade realçar, pelo contraste, o progresso alcançado entre uma e outra forma de punição em termos de menos crueldade e mais humanidade. É verdade que, como vimos, Foucault reconhece que houve um "afrouxamento da severidade penal no decorrer dos últimos séculos" (2014, p. 21). Mas não nos iludamos. Tais modificações nada teriam a ver com a desumanidade das punições físicas, mas com a constituição, na época, da "sociedade disciplinar". Para o autor, a prisão seria um exemplo a mais dos famosos "dispositivos" postos em funcionamento por ela: a escola, os quartéis, as fábricas e os hospitais – todos, aliás, parecidos (Foucault, 2014, p. 219). Nesse tipo de argumentação não há lugar para se falar em "mudança na sensibilidade coletiva", com menos razão ainda em "um progresso do humanismo" como explicação para o abandono dos suplícios (Foucault, 2014, p. 27).

Esse é um dos aspectos perturbadores de *Vigiar e punir*: uma espécie de fascinação que Foucault demonstra pelos horrores do cadafalso, o que levou alguns críticos, erroneamente, a considerarem que o livro fazia uma "apologia dos tempos passados", como lembra Vidal-Naquet (1986, p. 16). Com efeito, Foucault dá a impressão, pelo estilo que adota ao falar dos suplícios, de que é um fascinado pela "arte das sensações insuportáveis". Há momentos no seu texto em que aparece um indisfarçável entusiasmo pelas "emoções de cadafalso" em que a multidão se deleita:

> Se a multidão se comprime em torno do cadafalso, não é simplesmente para assistir ao sofrimento do condenado ou excitar a raiva do carrasco: é também para ouvir aquele que não tem mais nada a perder maldizer os juízes, as leis, o poder, a religião. O suplício permite ao condenado essas *saturnais de um instante*, em que nada mais é proibido nem punível. Ao abrigo da morte que vai chegar, o criminoso pode dizer tudo, e os assistentes aclamá-lo (Foucault, 2014, p. 61, itálicos meus).

"Saturnais de um instante" – é belo, sem dúvida! Contrapostas a isso, a monotonia e a discrição do direito penal moderno, que paulatinamente aboliu o espetáculo da punição, recebem um tratamento que enfatiza o tédio burocrático em que se dão as novas formas de punir. É verdade que, no fundo, o que Foucault está querendo dizer é que a prisão é uma forma de punição que nada tem a ver com ser mais ou menos "humana". O que *Vigiar e punir* sustenta, convém repetir, é que há um fosso entre os suplícios do *Ancien Régime* e a prisão do humanismo penal. De fato, o encarceramento não constitui um "aperfeiçoamento", por assim dizer, dos suplícios sobre os corpos dos condenados, até pelo simples fato de que na prisão dos reformadores o corpo como o local onde se inflige a dor está ausente da panóplia dos seus dispositivos – que, aliás, visam não exatamente exercer uma vingança sobre o criminoso, mas ressocializá-lo. Quanto a ter sido um "progresso humanitário", Foucault, por tudo que escreveu em *Vigiar e punir* e noutros textos adjacentes, nunca se exprimiu em tal linguagem.

Enquanto historiador, Foucault sempre foi um adversário de qualquer noção de progresso aplicada aos assuntos humanos e suas inumeráveis camadas epistêmico-arqueológicas soterradas pela história, cada uma delas estranha às outras e valendo por si mesma, o que, de pronto, interdita qualquer julgamento retrospectivo – como seria o caso de, a partir do que é inadmissível na *episteme* do humanismo penal, onde não se tripudia sobre o corpo, julgar aquilo que era admissível na *episteme* de um outro "estilo penal", aquele do *Ancien Régime*. As *epistemes* são incomunicáveis, e o que é insuportável varia de uma época a outra. É verdade que ele chega a admitir a existência de uma nova sensibilidade em torno do cadafalso, na medida em que se refere ao "sofrimento" a que podem estar expostos juízes e espectadores à vista de corpos sendo trucidados, o que pode ensejar efeitos indesejáveis para as autoridades. Diz ele:

> O sofrimento que deve ser excluído pela suavização das penas é o dos juízes ou dos espectadores com tudo o que pode acarretar de endurecimento, de ferocidade trazida pelo hábito, ou, ao contrário, de piedade indevida, de indulgência sem fundamento (Foucault, 2014, p. 90).

Mas o que dizer do sofrimento do próprio condenado? Curiosamente, Foucault chega a formular essa pergunta: "No abandono da liturgia dos suplícios, que papel tiveram os sentimentos de humanidade para com os condenados?" (Foucault, 2014, p. 65). A pergunta é pertinente, mas parece que ele a faz a contragosto, ou num momento de distração, porque ela fica solta no ar. Ele simplesmente não a responde! – e muda de assunto.

1.2 O "anti-humanismo teórico"

Foucault pratica, a seu modo, o que na época ficou conhecido como "anti-humanismo teórico de Marx", uma corrente de pensamento empenhada em desmontar as ilusões do humanismo tradicional e posta em voga sobretudo pelo filósofo marxista Louis Althusser. Evidentemente não se trata, como o próprio Althusser lembrava, de "desprezar os homens", mas apenas, falando em termos *teóricos*, da

> recusa em fundar num conceito de homem com pretensão teórica, isto é, como *sujeito originário* de suas necessidades, de seus pensamentos, de seus atos e de suas lutas, a explicação das formações sociais e de sua história (Althusser, 1976, p. 183).

Um livro como *Vigiar e punir*, em que uma explicação "humanista" para o fim dos suplícios é evacuada com um revés de mão, se insere nessa perspectiva. Ainda que o objeto de que trata – a prisão – não o identifique imediatamente como tal, é inegável a pegada marxista de Foucault nesse livro. No momento, por exemplo, em que ele menciona as "relações muito próximas" que mantiveram "as mutações tecnológicas do aparelho de produção [...] e a elaboração das maneiras de proceder disciplinares", numa nota de rodapé ele remete ao *Capital* de Marx (Foucault, 2014, p. 213)[4].

Em vários momentos de *Vigiar e punir*, com efeito, reponta a proximidade do que Foucault está dizendo com as análises marxistas da sociedade capitalista[5]. Para além da citação direta a Marx, que acabo de realçar, acho sugestivo o fato de que logo no início do livro, ao dizer que vai "tentar estudar a metamorfose dos métodos punitivos a partir de uma tecnologia política do corpo", confessa não ter "a pretensão de ter sido o primeiro a trabalhar nessa direção" (Foucault, 2014, p. 27-28). E em seguida declina dois precursores, Rusche e Kirchheimer, autores de *Punição e estrutura social* (1999)[6] – que Foucault qualifica de "grande livro" – publicado em 1939, no qual os dois marxistas frankfurtianos relacionam os diferentes regimes de produção e as diferentes formas de punir. Assim, se no sistema industrial capitalista, onde predomina um mercado de mão de obra livre, a punição reveste sobretudo a forma de encarceramento com trabalho obrigatório, é simplesmente porque a finalidade da nova pena é a de corrigir os refratários ao novo modo de produção. Para os dois autores,

> essas mudanças não resultaram de considerações humanitárias, mas de um certo desenvolvimento econômico que revelava o valor potencial de uma massa de material humano completamente à disposição das autoridades (Rusche; Kirchheimer, 1999, p. 39).

---

4. As referências explícitas a Marx em *Vigiar e punir* aparecem em notas de pé de página que o leitor médio normalmente nem lê. No meu caso, foi apenas a uma enésima leitura, adredemente atenta a isso, que encontrei pelo menos três momentos em que Marx é citado – cf. Foucault (2014, p. 172, 213 e 275).

5. Bernard Harcourt, ao apresentar o curso ministrado por Foucault no Collège de France em 1972-1973, "A sociedade punitiva", do qual o livro sobre a prisão publicado dois anos depois é o resultado, relaciona os temas do curso à "luta de classes", e diz que suas lições podem ser lidas como um "diálogo silencioso com os historiadores marxistas ingleses" (Harcourt, 2013, p. 287).

6. Dou-me conta agora, enquanto escrevo esta página, que o título deste livro – *Punição e sensibilidade moderna* – pode ser considerado uma piscadela, inconsciente, ao título do clássico de Rusche e Kirchheimer, *Punição e estrutura social*. A uma "estrutura" dos dois últimos, o meu livro opõe uma "sensibilidade".

Foi, aliás, lendo *Vigiar e punir* que toda uma geração de leitores – e foi o meu caso – descobriu o livro àquela altura esquecido de Rusche e Kirchheimer. Desconsiderando diferenças específicas, há de comum nos dois livros – de forma explícita nos frankfurtianos e alusiva no francês – a hipótese de que a prisão, enquanto forma de punição, guarda uma estreita homologia histórico-estrutural com o capitalismo industrial enquanto modo de produção. Como os frankfurtianos, Foucault vai buscar em instâncias externas à boa consciência dos reformadores as razões para a mudança, sustentando a hipótese de que a verdadeira finalidade da reforma era dotar a nova lei penal de uma racionalidade adaptada aos tempos do capitalismo industrial: "Essa racionalidade 'econômica' é que deve medir a pena e prescrever as técnicas ajustadas. 'Humanidade' é o nome respeitoso dado a essa economia e a seus cálculos minuciosos (Foucault, 2014, p. 91). Não contente em rodear a palavra de aspas, Foucault ainda a grafa com maiúscula – "Humanidade" –, o que só reforça a ironia.

Além de Marx, Foucault é um autor que se sente à vontade na companhia de Nietzsche, outro dos chamados "mestres da suspeita". O epíteto, como se sabe, designa dois dos grandes nomes que, na contemporaneidade, puxaram a investigação sobre os fenômenos sociais para o terreno do escondido e do inconfessável: Marx e Nietzsche (cf. Merquior, 1985, p. 220)[7]. Essa é também a opinião de David Garland, que se refere a Foucault e a Nietzsche, mas também a Rusche e Kirchheimer, como os grandes teóricos da "hermenêutica da suspeita", que "reduziu inexoravelmente as filosofias penais, os ideais éticos e as sensibilidades humanitárias às fatigantes divisas do interesse econômico ou da vontade de poder" (Garland, 1999, p. 231). Perpassa nesses autores e seus sucessores uma sistemática desconfiança em relação à realidade visível, frente à qual os cultores da suspeição costumam fazer a conhecida pergunta: "O que é que está por trás disso?" As respostas são conhecidas: o modo de produção, no caso de Marx; a vontade de poder, no caso de Nietzsche. O primeiro, como vimos, é uma presença importante na argumentação tão suspeitosa de *Vigiar e punir*; e Nietzsche (mesmo que – salvo um "cochilo" de leitura imperdoável de minha parte – não seja citado no livro), exerce de ponta a ponta uma influência notável na empresa foucaultiana de desmascarar os processos de "humanização" do direito penal operados pelos reformadores do século XVIII. Estamos nos anos de 1970 e a problemática do filósofo alemão assumirá uma posição de destaque na obra foucaultiana. Em um texto seminal de 1971, ele

7. Um terceiro nome da confraria desses "mestres" é Freud, aqui deixado de lado porque não parece haver sombra dele em *Vigiar e punir*.

anuncia o projeto de uma pesquisa "genealógica" cuja inspiração é o autor de *Genealogia da moral*. Diz ele:

> [S]e o genealogista tem o cuidado de escutar a história, ao invés de dar fé à metafísica, o que ele aprende? Que por trás das coisas existe "outra coisa": de forma alguma seu segredo essencial e sem data, mas o segredo de que elas são sem essência, ou que sua essência foi construída, peça por peça, a partir de figuras que lhe eram estranhas (Foucault, 1971, p. 148).

Daí uma de suas frases famosas, ecoando a filosofia a marteladas do iconoclasta alemão: "Nós acreditamos na perenidade dos sentimentos? Mas todos, e sobretudo aqueles que nos parecem os mais nobres e os mais desinteressados, têm uma história" (Foucault, 1971, p. 159). O tom está dado. Ironizando os que buscam a origem metafísica das coisas, o autor diz que a história nos ensina a "rir da solenidade da origem", pois o seu "começo [...] é baixo"; assim, "fazer a genealogia dos valores, da moral", é "prestar uma atenção escrupulosa à sua derrisória maldade"; é "não ter pudor" de escavar seus "*bas-fonds*" (Foucault, 1971, p. 150). Dois anos depois, numa série de conferências que deu no Rio de Janeiro – num momento em que *Vigiar e punir* estava sendo gestado –, volta a insistir na baixeza das origens, mais uma vez se remetendo a Nietzsche, para quem, na leitura foucaultiana, não existem, propriamente falando, *origens*, pois tudo é *invenção*. E a invenção é "algo que possui um pequeno começo, baixo, mesquinho, inconfessável", assinalando então o que seria a tarefa do historiador:

> [N]ão [...] temer as mesquinharias, pois foi de mesquinharia em mesquinharia, de pequena em pequena coisa, que finalmente as grandes coisas se formaram. À solenidade de origem é necessário opor, em bom método histórico, a pequenez meticulosa e inconfessável dessas fabricações (Foucault, 2009, p. 15-16).

Vigiar e punir é, nesse sentido, um livro nietzscheano no que ele tem de mais essencial: uma tentativa – brilhante, sem dúvida – de desmontar o "humanismo" dos reformadores que propuseram a substituição dos suplícios por penas que excluíam a mortificação dos corpos. Virando as costas a esses supostos nobres sentimentos, Foucault prefere dirigir a atenção para os "cálculos minuciosos" a serviço de uma racionalidade mesquinha que informa a nova sociedade em gestação, comprazendo-se em desmascarar a "derrisória maldade" dos reformadores penais e a "solenidade" do seu discurso, mostrando a "pequenez" de suas "fabricações".

O que dizer disso tudo? De um lado, reconhecer que as motivações dos reformadores tinham, claro, suas "pequenezas", se por isso considerarmos que suas propostas humanitárias estavam atreladas a suas preocupações com a prevenção e a punição dos crimes – afinal eles eram reformadores *penais*. Sem dúvida, eles eram movidos por intenções utilitárias. Basta lembrar que um desses reformadores foi Jeremy Bentham – aquele que, quando garoto, foi impactado pelo suplício de Damiens –, autor da corrente filosófica conhecida justamente como *utilitarismo*. Bentham, aliás, é um nome de destaque em *Vigiar e punir*, por ter sido o autor do famoso *Panóptico*, um desenho arquitetural que permitia a um só vigia, a partir de uma torre central, ter permanentemente sob seu olhar vigilante inúmeras celas dispostas em círculo onde, como lembra Foucault, se podia "trancar um louco, um doente, um condenado, um operário ou um escolar" (Foucault, 2014, p. 194), exatamente as figuras-alvo dos dispositivos disciplinares.

Foucault (2014, p. 216) qualificou esse formidável dispositivo como "o sonho de uma maldade". Bentham discordaria. Para ele, o *Panóptico* seria interessante até para os próprios malfeitores, que veriam como "evidente" que a "tendência coercitiva" do dispositivo seria compensada por sua "tendência benevolente", qual seja, a de tornar desnecessária "aquela inexaurível fonte de desproporcional severidade, para não dizer tortura, representada pelo uso de *ferros*" (Bentham, 2000, p. 29-30). Também para o teórico da "maior felicidade possível para o maior número possível", deviam-se evitar as "dores inúteis" a que se referiu Harold Laski a propósito da modernidade inaugurada pelo Iluminismo. Voltemos a Beccaria – cujo pensamento, aliás, inspirou o de Bentham. A releitura crítica empreendida por Foucault do italiano fez assomarem suas motivações utilitaristas, e certamente muitos de nós, até então seus leitores inocentes, depois de termos lido *Vigiar e punir* passamos a reler Beccaria com olhos menos ingênuos. De fato, uma leitura atenta de um clássico como *Dos delitos e das penas* detecta inúmeros argumentos utilitaristas, antes não percebidos, de que se vale Beccaria para condenar as torturas e os esquartejamentos. Isso aparece em trechos como o que recomendava que "entre as penas e na maneira de aplicá-las proporcionalmente aos delitos, é mister [...] escolher os meios que devem causar no espírito público a impressão mais eficaz e mais durável". Mas, na continuação do texto, há também a recomendação de que a pena seja "ao mesmo tempo, [a] menos cruel no corpo do culpado" (Beccaria, 2015, p. 53). Utilitarismo e humanismo, assim, andam de mãos dadas nesses autores. Mas o que há de demais nisso? Por que aquele excluiria este?

1.3 Controvérsias sobre a abolição

Pieter Spierenburg, no notável livro que escreveu sobre "o espetáculo do sofrimento", tratando do fim das execuções públicas na Europa Ocidental entre os séculos XVIII e XIX, está longe de ser um autor indiferente aos aspectos institucionais e estratégicos do processo, mas, em oposição a Foucault, o autor leva a sério a hipótese de que "mudanças nos modos de repressão" são um "reflexo de mudanças nas sensibilidades" (Spierenburg, 1984, p. ix)[8]. Para ele, no período mencionado ocorreu uma "mudança fundamental" na maneira como o espetáculo de corpos supliciados e expostos impactavam as pessoas: "ansiedade e repugnância" passaram a ser a tônica à vista dessas cenas, e essa mudança "precedeu a efetiva abolição das execuções públicas" (Spierenburg, 1984, p. 183-184). É verdade que sua explicação não se resume a essa versão idílica dos acontecimentos. Sua teoria não descuida do "nível ideológico e institucional" que uma mudança dessa ordem requer e sobre o qual se assenta. Assim, ele cita fatores políticos como as críticas do Iluminismo ao *Ancien Régime* de um modo geral, ou fatores especificamente jurídicos como a promoção do encarceramento a uma posição cada vez mais proeminente dentro do sistema penal da época, com a disseminação em vários países das "casas de correção", o que favoreceu um paulatino abandono das penas que tripudiavam sobre os corpos. Mas, destaca Spierenburg (1984, p. 183), uma "mudança de mentalidade" está "implícita" em todos esses fatores.

Seu livro é particularmente rico no que diz respeito a essa mudança. Da metade do século XVIII em diante,

> o sofrimento dos delinquentes que tinham cometido crimes graves [...] produz sentimentos de ansiedade em alguns espectadores. Isso quer dizer que o nível de identificação mútua de que os seres humanos são capazes tinha atingido um novo limiar (Spierenburg, 1984, p. 185).

Em 1773 um panfleto anônimo reporta a execução, em Amsterdã, no mesmo dia e hora, de seis delinquentes na forca e de um outro "quebrado na roda"[9]. Seu autor não tem nenhuma dúvida quanto à necessidade de punir

8. Spierenburg inclui seu livro na corrente das "mentalidades" e o apresenta como uma "tentativa de construir um contraparadigma ao de Foucault" (Spierenburg, 1984, p. ix).

9. O "suplício da roda" era assim chamado porque o condenado, depois de amarrado na horizontal com o rosto virado para cima, braços e pernas abertos, tinha as articulações dos membros

os criminosos, mas ele se pergunta se os "malfeitores" mereciam "um castigo tão pesado". E escreve:

> Por Deus, que espetáculo pavoroso! [...] Estou de fato vergado pela piedade [...]. Quão cheia de terror estava minha alma! Como afetado eu estava por dentro quando os vi subindo a escada um atrás do outro! Estava gelado, tremia a cada degrau que eles galgavam. Frequentemente virava o rosto e distraía meus olhos do espetáculo mortal olhando o número infindável de espectadores. Acho que notei em alguns deles o mesmo horror por tão terrível espetáculo, a mesma *repugnância* que eu sentia. Isso me alegrou por dentro: renovou em mim uma impressão positiva dos meus concidadãos (*apud* Spierenburg, 1984, p. 193).

O autor do panfleto, muito provavelmente "pertencente à classe média ou alta, nota com satisfação que alguns daqueles em torno de si sentiam o mesmo que ele", e "denuncia a multidão das classes baixas que ainda procurava aquelas sensações" (Spierenburg, 1984, p. 194). Essa é uma constante nos escritos da época, geralmente produzidos por pessoas pertencentes ao mesmo grupo social do autor do panfleto: são as classes populares que ainda se rejubilam com aqueles espetáculos. A historiografia tem por aceito que a nova sensibilidade "estava largamente confinada às classes altas e médias". Elas compunham a "sociedade educada da época que formava a opinião pública e cujos membros expressavam-se escrevendo" (Spierenburg, 1984, p. 196). Em 1827 – quando já não se "quebrava na roda", mas ainda se punia fisicamente – uma petição da Sociedade para o Aperfeiçoamento Moral dos Presos posiciona-se contra as punições no cadafalso em praça pública, afirmando que a

> mais ilustrada e civilizada parte da nação sente uma [...] repugnância por qualquer pena corporal. As execuções sendo apenas prestigiadas pelas [...] menos civilizadas e menos ilustradas classes populares (*apud* Spierenburg, 1984, p. 195).

Como se vê, Spierenburg põe em primeiro lugar, no processo que levou ao fim dos suplícios em praça pública, a emergência de uma mudança na "sensibilidade" pelo menos da opinião pública esclarecida, aquela que, por sua influência, é capaz de impulsionar uma mudança no que hoje chama-

e o abdômen quebrados com uma barra de ferro, findo o que o carrasco dobrava os braços e pernas do supliciado para trás e o amarrava, também na horizontal, numa roda instalada a três metros do chão, ficando ali exposto ao público até que a morte sobreviesse.

ríamos de políticas públicas, ainda que, como vimos, ele não descuide dos fatores "institucionais" na explicação de por que essa mudança finalmente se deu. Nesse plano, o autor sustenta a hipótese segundo a qual o que tornou possível o fim dos suplícios foi a estabilização do Estado-nação moderno. A "estabilidade" dos estados pré-modernos, diz ele, "permanecia vulnerável". Assim, um tanto paradoxalmente, "as execuções serviam especialmente para sublinhar o poder" de um Estado ainda em processo de formação, e tinham "por propósito ser uma manifestação exemplar desse poder, precisamente porque ele não estava inteiramente garantido" (Spierenburg, 1984, p. 201). A "justiça que as autoridades exibiam servia para reforçar sua posição precária [...]. Em outras palavras, o espetáculo do sofrimento deveria sobreviver até que um certo grau de estabilidade fosse atingido" (Spierenburg, 1984, p. 202). Ele é enfático quanto a isso: a instabilidade inicial, e a sólida estabilidade dos estados depois, "trazem uma solução para o problema do desaparecimento das execuções públicas. Elas sugerem que uma transformação do Estado constitui o fator explicativo" (Spierenburg, 1984, p. 203). Mas, apesar da importância crucial que dá a esse fator, ele não é menos enfático ao sublinhar que "a emergência de uma aversão à vista de punições físicas e um consequente criticismo do sistema penal entre certos grupos" constituiu a "primeira fase" do processo:

> No curso do período de [formação] do Estado moderno a dependência recíproca entre os grupos sociais aumentou [e] se estabeleceu um aumento na identificação recíproca entre grupos sociais [...]. Pelo fim do século XVIII, um número inestimável de indivíduos entre as elites tinha atingido um novo estágio e se identificado num certo grau com os condenados no cadafalso. Essas pessoas delicadas se horrorizavam à vista do sofrimento físico: mesmo aquele dos culpados. A primeira fase da transformação das sensibilidades estava definida (Spierenburg, 1984, p. 204).

Uma vez a "primeira fase" concluída, a "segunda fase [...] corre em paralelo" com o estabelecimento do Estado-nação:

> [O]s regimes liberal-burgueses, com suas crescentes agências burocráticas, tinham um caráter muito mais impessoal. Assim, o século XIX testemunhou modos de repressão mais impessoais e menos visíveis. Execuções públicas não eram sentidas apenas como desagradáveis; elas não eram mais necessárias (Spierenburg, 1984, p. 205).

O que quero enfatizar é que os fatores "institucionais" para a abolição dos suplícios constituem, para Spierenburg, a "segunda fase" do processo, subsequente, portanto, à "primeira fase", justamente uma aversão à vista de punições físicas. Já Foucault em nenhum instante considera a possibilidade de que os reformadores pudessem estar agindo por um genuíno impulso de sensibilidade humana – o que, claro, não exclui também a motivação utilitária, à qual ele se aferra de modo unilateral. Se os reformadores querem inscrever um princípio de moderação no poder de punir, isso também é explicado por uma "pequenez meticulosa e inconfessável". Qual? O "controle dos efeitos" que essas execuções podiam acarretar, entre elas as chamadas "emoções de cadafalso", o que era sempre motivo de temor por parte das autoridades, pois receava-se que o "carnaval" (Foucault, 2014, p. 61) degenerasse em revolta. De fato, as execuções eram a ocasião para o que Foucault chama de "discurso de cadafalso", previsto pelo próprio "rito da execução", e segundo o qual o condenado devia proclamar sua culpa, "reconhecendo-a publicamente de viva voz, pelo cartaz que levava, e também pelas declarações que sem dúvida era obrigado a fazer [...], proclamando o horror dos seus crimes" (Foucault, 2014, p. 66). Mas, segundo ele, nem sempre o *script* saía conforme o combinado, pois, "ao abrigo da morte que vai chegar", o condenado podia "dizer tudo" e mostrar-se impermeável aos conselhos de arrependimento que lhe eram ministrados. Em um ou em outro caso, os efeitos não seriam exatamente aqueles esperados pelas autoridades:

> Se o condenado era mostrado arrependido, aceitando o veredito, pedindo perdão a Deus e aos homens por seus crimes, era visto purificado; morria, à sua maneira, como um santo. Mas até sua irredutibilidade lhe dava grandeza: não cedendo aos suplícios, mostrava uma força que nenhum poder podia dobrar (Foucault, 2014, p. 67).

Há historiadores que minimizam a importância desses eventos. Benoît Garnot, por exemplo, informa, com dados abrangendo mais de um século, que "entre 1661 e 1789, apenas 32 'emoções de cadafalso' se produzem em toda a França" (Garnot, 2009, p. 455); e Pieter Spierenburg (1984, p. 92), referindo-se às execuções públicas em Amsterdã – num lapso de tempo que vai de 1650 a 1750 –, diz que "o público era usualmente passivo". Mas Foucault prefere dar um valor talvez superestimado a esses eventos do que reconhecer, por mínima que seja, a influência dos "sentimentos de humanidade para com os condenados" na abolição dos suplícios, ainda que seja o próprio Foucault que transcreva um trecho de Lacretelle (outro reformador penal da época), onde o sofrimento do supliciado aparece como uma das razões para a ojeriza dos reformadores em relação aos esquartejamentos em praça pública:

> As leis me chamam para o castigo do maior dos crimes. Vou com todo o furor que ele me inspirou. Mas como? Meu furor ainda o ultrapassa [...] Deus, que imprimistes em nossos corações *a aversão à dor por nós mesmos e nossos semelhantes*, são então esses seres que criastes [...] que inventaram suplícios tão bárbaros, tão refinados? (Foucault, 2014, p. 89-90, itálicos meus).

Mas, na mesma página em que transcreve esse trecho, e apesar dele, Foucault afirma, não sem uma boa dose de autossuficiência, que

> a raiz do princípio de que se deve aplicar só punições "humanas"[10], sempre, a um criminoso [...] não se encontra numa humanidade profunda que o criminoso esconda em si, mas no controle necessário dos efeitos de poder (Foucault, 2014, p. 90).

Além de Spierenburg, outros autores que escreveram posteriormente ao aparecimento de *Vigiar e punir* se puseram na contramão de algumas das teses do autor. David Garland, por exemplo. Também ele leva a sério as "emoções" que "influem na *sensibilidade moderna*" (itálicos meus), que rechaça "a violência física aberta" de que os castigos físicos em praça pública de antanho eram um exemplo. Essa sensibilidade, claro, não explica tudo. Para Garland, aliás, toda tentativa de "desentranhar a motivação" dos reformadores penais – em todos os tempos e lugares, e seja qual for a reforma – "deve contemplar a interação da consciência e da conveniência, dos sentimentos elevados e dos interesses mesquinhos" (Garland, 1999, p. 232). Mas acontecem certas ocasiões em que "os sentimentos e as sensibilidades" coincidem com os interesses e a visão de mundo da classe política e econômica que empalma o poder.

Foi o que aconteceu em 1791, com a "suavidade" das novas penas se traduzindo no aprisionamento e, bem de acordo com o espírito das "Luzes", numa nova filosofia a presidi-la: o desígnio reeducador. Diz o historiador Benoît Garnot (2009, p. 503-504):

> Desde o começo da Revolução [...] a prisão é apresentada como a penalidade ideal, pois ela é útil ao detento e à sociedade (pelo tra-

---

10. Chamo a atenção para, mais uma vez, as aspas irônicas.

> balho), é progressiva e proporcional ao crime, exemplar, temporária, e proporciona ao condenado o tempo para se tornar melhor.

Mas é na generalização da prisão, e não na sua invenção, que consiste a novidade, pois, como se sabe, antes das importantes mutações que se operaram entre os séculos XVIII e XIX, já existiam várias formas de aprisionamento. Ou seja: a ideia de aprisionar alguém por malfeitos reais ou supostos, ou comportamentos tidos como indesejáveis, não surge como um raio em céu azul na cabeça dos reformadores penais de finais do século XVIII; não é uma ideia *ex nihilo*, como veremos no capítulo 3 deste livro, quando trataremos da adoção da prisão como a "rainha das penas". Antes, porém, nos voltamos para a questão da tortura, objeto do próximo capítulo.

2

A TORTURA

2.1 Abolição

> Ia dizer que [a tortura poderia] "convir aos governos despóticos, onde tudo o que o medo inspira participa dos fundamentos do governo. Ia dizer que os escravos, entre os gregos e os romanos..." Mas ouço a voz da natureza que grita contra mim.
>
> Montesquieu, *Do espírito das leis*

O trecho em epígrafe foi extraído de *Do espírito das leis*, publicado em 1748. Muito apreciado pelo público ilustrado na época do seu aparecimento, o cartapácio de mais de meio milheiro de páginas é uma dessas obras que, beatificadas pela celebridade, todo mundo conhece e pouquíssima gente lê. Sabe-se que o livro teoriza sobre o princípio da tripartição dos poderes e dos pesos e contrapesos de uns sobre os outros, ainda hoje uma pedra de toque dos regimes democráticos modernos. O que é menos sabido é que esse é apenas um entre o "número infinito de coisas" contidas no livro, como diz o seu autor no prefácio (Montesquieu, 1973, p. 27). Entre tais coisas destaco, para os propósitos deste livro, o que ele diz sobre as formas de investigação criminal em vigor na sua época, as quais incluíam, para obter dos acusados a confissão de crimes graves e a delação de cúmplices, o uso da "questão" – que era o termo técnico que designava a tortura no *Ancien Régime* francês, posto abaixo pela revolução de 1789. O que ele diz sobre o assunto está num curto capítulo intitulado "Da tortura ou da questão contra os criminosos", onde Montesquieu, adversário resoluto dos tormentos, refere-se a "uma nação muito civilizada" – no caso, a Inglaterra – onde a tortura, "sem qualquer inconveniente", fora abolida há muito tempo, daí concluindo que "ela não é naturalmente necessária" (Montesquieu, 1973, p. 101). Em seguida, o curto capítulo é encerrado abruptamente com a frase que usei como epígrafe, quando um "grito da natureza", como disse o próprio Montesquieu, interrompeu o que ele estava escrevendo sobre o assunto.

Mas Montesquieu não foi o primeiro autor importante a escrever contra a tortura. Se de um lado é verdade que um movimento abolicionista só toma corpo no Ocidente a partir da segunda metade do século XVIII, desde tempos recuados ouvem-se, aqui e ali, algumas vozes ilustres que a condenam. Mesmo na antiguidade greco-romana – onde ela, *grosso modo*, era reservada aos escravos – era vista com restrições como *res fragila et periculosa*, pois suspeitava-se que a prova assim obtida não inspirava confiança. Mas trata-se de uma crítica, por assim dizer, "técnica", não de uma crítica moral. É um consenso solidamente estabelecido entre os historiadores que, entre os antigos, a tortura é um ato processual como qualquer outro, donde "procurar-se-ia, em vão, em toda a literatura antiga, um protesto de princípio contra a tortura *enquanto tal*" (Mellor, 1961, p. 65). Os historiadores também costumam citar uma crítica feita pelo Papa Nicolau I, na Alta Idade Média, numa carta famosa datada de 866 d.C. Endereçada ao rei dos búlgaros recém-convertido, o papa dizia ter conhecimento de que, "depois de ter prendido um ladrão, vós o exaspereis nas torturas até que ele confesse", e condenava o costume porque "a confissão deve ser espontânea, e não arrancada à força" (*apud* Mellor, 1961, p. 143). Mas, também aqui, a crítica centra-se na exigência católica da espontaneidade da confissão, não nos meios de obtê-la à força.

Em todo caso, o pronunciamento de Nicolau I se passou em tempos recuados, numa época em que na Europa ainda não tinha havido uma institucionalização da tortura pelos poderes oficiais, o que só vai ocorrer a partir dos séculos XII e XIII, primeiro pelas autoridades laicas e, na sequência, pelos poderes eclesiásticos, durante o papado de Inocêncio IV, por meio da bula *Ad extirpanda*, de 1252, dedicada a erradicar as heresias. Entre o decorrer desses dois séculos, e até a segunda metade do século XVIII, a tortura judicial tinha sido adotada e se tornado um meio de obtenção de prova em processos criminais por praticamente todos os estados europeus[11], como

11. Com a notável exceção da Inglaterra – que aliás, nunca se sentiu inteiramente parte da Europa continental –, por razões que, embora analiticamente importantes, não abordarei aqui.

parte de um fenômeno que foi qualificado pelo historiador Edward Peters (1989, p. 51) como uma "revolução". Coetâneo à paulatina centralização do poder pelas mais diversas monarquias, ele consistiu na "recuperação e adaptação do corpo de leis romanas escritas", que previa a tortura. Foi assim no bojo da recepção do direito dos antigos que "o procedimento inquisitorial substituiu o velho procedimento acusatorial", este caracterizado por juramentos, ordálias, combates etc. – procedimentos onde a provação física era de regra (Peters, 1989, p. 52). Daí a observação, que um julgamento retrospectivo pode estranhar, ou eventualmente achar cínico, de que, "comparado a outras formas de procedimento, o novo processo inquisitório parecia bem menos repugnante aos indivíduos da época do que poderia, a princípio, nos parecer". Entenda-se: "No início do século XIII a tortura deve ter se assemelhado bastante às provações" – e "Deus", afinal, "haveria de fortalecer os justos" (Peters, 1989, p. 62, 64)[12]. Um novo sistema de provas, conhecido como "romano-canônico", tomou o lugar dos antigos julgamentos divinos.

Era um sistema operado por *experts* que elaboraram uma minuciosa casuística em busca da certeza. Nos casos de crimes capitais – pelos quais o culpado podia ser punido com a morte – exigia-se, para a condenação, duas testemunhas oculares ou a confissão do acusado. Na ausência da confissão, a "rainha das provas", ou das duas testemunhas, podia-se obter uma série de indícios que constituíam apenas provas parciais, mas que não levavam a uma "prova plena". Podiam levar, todavia, à decisão de submeter o indiciado à tortura para obter a confissão. A "rainha das provas" levou à "rainha dos tormentos": "É na importância da confissão que repousa, se não o reaparecimento, com certeza a propagação e integração da tortura nos sistemas legais do século XIII" (Peters, 1989, p. 56), e esse sistema vigorou oficialmente até a segunda metade do século XVIII, quando foi abolido.

Quando isso ocorreu, as críticas à tortura já tinham se tornado moeda corrente, e – muito importante para o argumento que adiante desenvolverei – tinham significativamente mudado de tom: tinham adquirido um "tom moral" (Peters, 1989, p. 93). Doravante, como diz Alec Mellor (1961, p. 67), "se a tortura é inadmissível, é antes de tudo em razão de sua crueldade". Como sempre ocorre na história das ideias, é impossível detectar o "precursor". Uma das maneiras de contornar a dificuldade é começar por mencionar um nome famoso, e é isso que acontece no caso das críticas mo-

12. No mesmo sentido, cf. Langbein (2006, p. 7): "Na verdade, a tortura judicial pode não ter parecido aos contemporâneos muito diferente das ordálias".

rais à tortura, com a menção recorrente a um autor que escreveu nos albores da Modernidade: Michel de Montaigne. Nos seus famosos *Ensaios*, publicados em 1580, Montaigne retoma as restrições à tortura já presentes entre os antigos, ao observar que "a tortura é uma invenção perigosa que parece antes pôr à prova a resistência à dor do que a sinceridade", concluindo por considerá-la "muito pouco útil". Mas o que mais importa para o argumento aqui desenvolvido é que, ao mesmo tempo, acrescenta que se trata de algo "inumano" (Montaigne, 1972, p. 178-179)[13]. Mas é uma consideração de passagem, um tanto escondida num pequeno capítulo de duas páginas sobre "a consciência" inseridas num outro cartapácio de mais de quinhentas páginas dedicadas a assuntos disparatados como "a tristeza", "a ociosidade", "os odores" etc. Ou seja: ainda não se trata de um pensamento, muito menos de uma obra, dedicado ao assunto.

Mas quando Montesquieu escreve, mais de 150 anos depois, esse já não é um tema ocasional a que um Montaigne se refere distraidamente. A questão dos tormentos tinha se tornado um tema maior, abordado criticamente pelos grandes jusnaturalistas da época, como Hugo Grotius, Johannes Grevius, Christian Thomasius, entre outros. É a partir desses autores, dos quais Montesquieu é um herdeiro e continuador, que a condenação à tortura adquire o caráter propriamente moral que hoje conhecemos. A importância do que diz Montesquieu não é das menores, bastando para isso considerar que o livro que mais influenciou o movimento reformista da segunda metade do século XVIII, *Dos Delitos e das penas*, surgido em 1764, se apresenta como pretendendo "segui[r] as pegadas luminosas" do "imortal Montesquieu", que "só ocasionalmente pôde abordar essas importantes matérias" (Beccaria, 2015, p. 21). Mas sua influência também se estende a personagens importantes da Revolução Francesa que, anos mais tarde, adotou o que ficou conhecido como "humanismo penal" nas reformas que promoveu. É o caso de Marat, autor de um *Plano de legislação criminal*, publicado em 1780 na Suíça e republicado na França em 1790, já em pleno processo revolucionário. O mesmo Marat, lembro, que a respeito da pena capital tinha proposto que ela fosse "suave". Sobre a "questão", Marat diz que "ela é contra a natureza", e pergunta aos juízes que a aplicam: "Na incerteza em que vocês estão se o acusado é culpado, vocês o farão sofrer um suplício mais horrível do que aquele que lhe infligirão se estiverem seguros de que ele não é inocente?" E os repreende:

13. Também para Charles Taylor (2005, p. 236), Montaigne "inaugura um dos temas recorrentes da cultura moderna": "nosso ser corporal".

"Para saber se ele merece a morte, vocês começam por matá-lo mil vezes" (Marat, 2008, p. 171).

Há momentos, na "longa duração" dos assuntos humanos, que a história se acelera e determinadas opiniões, filetes até então correndo aqui e ali, mas numa mesma direção, confluem e formam uma nova corrente. Um desses momentos ocorreu entre meados e finais do século XVIII, quando as múltiplas vozes até então esparsas contra as torturas e os suplícios em praça pública se adensaram num forte movimento de opinião pública que terminou desembocando na sua abolição. Em uma época de grandes mudanças nas estruturas sociais dos países europeus e do movimento político e intelectual que ficou conhecido como *as Luzes* – Iluminismo entre nós –, a reforma da justiça e o fim dos tormentos e das penas cruéis figuravam entre as reivindicações que eram endereçadas ao *Ancien Régime*. Nesse novo "ar do tempo" respirava-se o que estou chamando de "sensibilidade moderna". O Iluminismo, cujas ideias-força vão desembocar na Declaração dos Direitos do Homem e do Cidadão de 1789, é fortemente animado por essa sensibilidade que gerou efeitos concretos na segunda metade do século XVIII, quando uma "onda de reforma judiciária impressionou tanto seus contemporâneos quanto impressiona o leitor moderno" (Peters, 1989, p. 109).

Na França, alguns casos célebres galvanizaram uma opinião pública cada vez mais forte contra os métodos de investigar e punir então vigentes. É de citação obrigatória o caso de Damiens, hoje em dia familiar a um vasto público mundo afora depois que Michel Foucault abriu *Vigiar e punir* com a descrição detalhada do pavoroso suplício a que foi submetido, como exposto no capítulo anterior. Bem menos conhecido mundo afora, mas não menos importante, é o "caso Calas", ocorrido quatro anos depois do suplício de Damiens. Jean Calas, comerciante de religião protestante em Toulouse, um idoso de 68 anos, foi acusado em outubro de 1761 de ter matado o próprio filho, Marc-Antoine, para impedi-lo de se converter ao catolicismo. O filho foi encontrado enforcado na própria casa onde morava com a família, num aparente suicídio. Para encobrir esse fato, considerado um crime abominável capaz de cobrir de opróbrio a memória do morto e a própria família, Jean Calas preferiu reportar o caso como um assassinato cometido por um ladrão. Interrogado, Calas foi pouco convincente e um tribunal local, alimentado por rumores segundo os quais Marc-Antoine fora assassinado para não mudar de religião, acusou Calas, bem como sua esposa e um outro filho, pelo crime. Julgado, o pai do morto foi condenado à morte na "roda". Calas passou por esse suplício em 10 de março de 1762, não sem antes ser submetido à tortura para denunciar eventuais cúmplices. Em uma instrução secreta, o tribunal concedeu-lhe a graça de ser estrangulado depois de duas horas de tormento. Ao conhecer os detalhes do caso, ninguém menos do que Voltaire interveio.

Sua entrada em cena transformou o caso numa *cause célèbre* com "repercussões que chegaram a atingir a estrutura política e judicial do país" (Peters, 1989, p. 98), e Voltaire terminou virando o jogo. Já no ano seguinte ao da execução, publicou um pequeno livro, com o título pomposo de "tratado", que passou para a história das ideias políticas como um marco contra a intolerância: *Tratado sobre a tolerância por ocasião da morte de Jean Calas*. Como o título indica, Voltaire sustentava a tese de que a condenação de Calas se dera num contexto de intolerância religiosa num país em que a confissão católica era religião de Estado e a prática do protestantismo era reprimida. Com a clareza e a ironia demolidora de sempre, o texto foi um sucesso junto ao público esclarecido – o mesmo, por certo, que lia Montesquieu e Beccaria –, aquele capaz de influir sobre as decisões das autoridades. Durante três anos Voltaire animou uma intensa campanha pela reabilitação judicial do condenado e pela absolvição da mãe e do irmão de Marc-Antoine, que ainda permaneciam pendentes de julgamento definitivo. A campanha foi coroada de sucesso: o Conselho Real inicialmente anulou as sentenças em 1763 e finalmente, em 1765, absolveu todos os envolvidos.

Sobre o *Tratado* é interessante observar, como o fez a historiadora Lynn Hunt, que o foco inicial da fúria de Voltaire não foi o suplício da "roda" em si, mas o "fanatismo religioso" que motivou investigadores e juízes a condenar Calas a sofrê-lo (Hunt, 2009, p. 73). Da mesma forma, o autor não se volta contra a tortura a que Calas foi submetido antes de ser executado para denunciar os eventuais cúmplices. A tortura na França de então era tecnicamente designada como "questão". Segundo a Ordenação Criminal de 1670, em vigor, havia a questão "preparatória", que era aplicada para obtenção da confissão do acusado em certos tipos de crime que previssem a pena de morte, e a questão "prévia", aplicada ao acusado já condenado pouco antes da sua execução, visando fazê-lo revelar os nomes de possíveis cúmplices. O tribunal local havia condenado pai, mãe e irmão de Marc-Antoine a serem submetidos à questão preparatória. O *Parlement* de Toulouse – tribunal de apelação – modificou a decisão, recusando a tortura antes da condenação, mas mantendo a aplicação da questão prévia antes de sua execução. Condenado à morte, Jean Calas, aos 68 anos, antes de ter seus membros quebrados e ficar exposto por duas horas na roda, foi torturado, mas os juízes nada obtiveram, porque ele continuou clamando sua inocência.

Tudo indica que o "caso Calas" promoveu uma mudança no próprio Voltaire, que no curso de sua campanha começou a mudar o foco de sua crítica para o próprio sistema de justiça criminal, por sua crueldade. É ainda Lynn Hunt que chama a atenção para o fato de que na primeira edição do *Dicionário filosófico*, publicado em 1764, o tema da tortura ainda não aparece. É apenas em 1766 que ele começa a escrever "denunciando a tortura judicial", e posteriormente, em 1770, acrescenta um verbete com o título "tortura" numa nova edição, a sexta, do *Dicionário*, outro sucesso de público. Em se tratando de Voltaire, a ironia é de regra, e o verbete já começa dizendo, sobre a "questão", que ela é "uma estranha maneira de *questionar* os homens" (Voltaire, 1964, p. 368, itálico meu). O "ar do tempo" tinha se adensado. Novas atitudes "sobre a tortura e sobre uma punição mais humana" (Hunt, 2009, p. 75) se cristalizaram dali em diante nos países europeus de um modo geral[14]. De certo modo antecipando-se à onda, Frederico o Grande, da Prússia – amigo e correspondente de Voltaire, aliás –, já havia abolido a tortura em seu reino em 1754. Na década de 1770, o movimento se acelerou: a Suécia a aboliu em 1772; a Áustria e a Boêmia, em 1776 – e assim por diante. A tortura, "em muitos casos [...], tornou-se o ponto focal de grande parte da crítica iluminista do *Ancien Régime* e da selvageria e do arcaísmo legal e moral do antigo mundo europeu" (Peters, 1989, p. 90).

Em 1780, finalmente, já atrasado em relação a outros países, o Rei Luís XVI, mesmo receoso de "abolir as leis que são antigas e autorizadas por um longo uso", se dispôs enfim a agir, e emitiu uma Declaração do rei dispondo sobre a "abolição da questão preparatória"[15]. E em 1788, na antevéspera dos acontecimentos de 1789, o mesmo Luís XVI, numa outra *Declaração*, aboliu a "questão prévia"[16]. É instrutiva a leitura desse documento, pois ele reflete, de um lado, o irrefreável "ar do tempo"; e, de outro, o receio, outra vez expresso, de abolir as "leis antigas autorizadas por um longo uso". Nos seus *consideranda*, o documento real rende homenagem aos "resultados da opinião pública" e, no plural majestático, dá uma no cravo – "nosso objetivo [...] é de prevenir os delitos pela certeza e pelo exemplo dos suplícios" – e outra na ferradura: "punir os malfeitores com toda a moderação que a hu-

14. Em 1783 o governo britânico introduziu nas execuções "o uso regular da 'queda', uma plataforma mais elevada" de onde o carrasco fazia cair o corpo do condenado "para assegurar enforcamentos mais rápidos e mais humanos" (Hunt, 2009, p. 76).

15. Esse documento, em versão fac-similada, pode ser encontrado no site gallica.bnf.fr

16. Para ter acesso a esse documento, mas em versão não fac-similada, digitar no Google "*déclaration du roi abolissant provisoirement la question préalable*".

manidade reclama". Especificamente sobre a "questão prévia", diz que "novas reflexões" o convenceram "da ilusão e dos inconvenientes desse tipo de prova", que "prolonga ordinariamente sem resultado o suplício dos condenados". Assim, resolve, "ao menos provisoriamente", aboli-la, reservando-se, entretanto, "ainda que a contragosto", a possibilidade de restabelecê-la "se, após alguns anos de experiência, os relatórios dos nossos juízes nos ensinem que ela era de uma indispensável necessidade". No ano seguinte, entretanto, o dique explodiu e levou de roldão o rei e seus juízes.

Como aqui sumariamente apresentada, a explicação para a abolição dos suplícios e das torturas se enquadraria no que Edward Peters (1989, p. 93) chama de "modelo humanitário-progressista", segundo o qual a abolição teria se dado por um progresso do espírito humano expressando-se por meio dos reformadores. Largamente dominante nos meios jurídicos atuais, essa perspectiva não goza de muito prestígio junto aos cientistas sociais contemporâneos. De um lado, ela recende um cheiro antigo, há muito em desuso, da história como sendo "a história de grandes feitos e grandes homens" (Burke, 2010, p. 17). Afinal, ainda que não fossem nem reis nem chefes militares, os reformadores teriam sido "grandes homens", capazes de influir decisivamente nos acontecimentos.

Uma "sensibilidade ofendida" explicando acontecimentos históricos, numa cultura acadêmica muito influenciada pelos chamados "mestres da suspeita" como a nossa[17], soa um tanto ingênuo. Tanto mais que uma explicação apelando para valores como humanismo e – mais grave ainda – progresso foi impiedosamente fulminada pelo mais vistoso mestre da suspeita contemporâneo: Michel Foucault. Como vimos, quando ele abre *Vigiar e punir* resgatando do esquecimento o suplício de Damiens, não foi para denunciar a desumanidade daquele tipo de punição, e, sim, exercitando o cacoete bem seu de "virar as ideias aceitas de ponta-cabeça", como notou um tanto galhofeiramente Peter Gay (1988, p. 360), para dizer que as reformas não se deram por motivos humanitários, e que o fim dos suplícios assinala simplesmente a adoção de uma "outra política em relação às ilegalidades" (Foucault, 2014, p. 82).

Antes de seguir, abro uma nota metodológica. Apesar de este capítulo ter como foco especificamente a abolição da tortura, até aqui vim falando dela e dos suplícios de modo não diferenciado. Até certo ponto é possível fazê-lo na medida em que a abolição daquela e destes se dá no quadro de

17. Sobre o conceito de "mestres da suspeita", cf. capítulo 1.

uma mesma crítica aos métodos cruéis do direito penal do *Ancien Régime*. Nos relatos das reformas penais impulsionadas pelo Iluminismo, torturas e suplícios muitas vezes se confundem na história de sua abolição[18]. Quando Beccaria, por exemplo, escreve *Dos delitos e das penas*, ele não diferencia as duas coisas, condenando-as igualmente. Mas, à parte a crueldade que lhes é comum, eram coisas diversas nas suas motivações, na sua operacionalização e nas suas consequências.

Nas motivações: os suplícios eram castigos; as torturas, métodos de investigação. Na operacionalização: enquanto os suplícios sempre foram públicos, a tortura sempre foi aplicada longe dos olhares do público. Nas consequências: ao ser exercida nos porões, a tortura sempre esteve protegida da repulsa que causava no que estou chamando de "sensibilidade moderna". Em uma palavra, a diferença entre uma coisa e outra tem repercussões analíticas. Isso fica claro quando se considera o argumento de Foucault segundo o qual, como vimos, a abolição dos suplícios visava, entre outros fins, controlar os "efeitos" que eles acarretavam, havendo o temor de que as "emoções de cadafalso" degenerassem em revolta. Ora, se esse temor teve algum papel – e certamente teve – no comportamento estratégico das autoridades privando o público do espetáculo da "arte das sensações insuportáveis", obviamente não deve ter tido nenhuma influência na decisão de abolir práticas que se davam distante dos seus olhos. Por isso, com mais razão ainda considero que no caso da tortura a repulsa à crueldade que lhe é inerente tem um papel de forma alguma negligenciável na decisão de aboli-la. Essa repulsa não foi inventada *ex nihilo* por reformadores como Voltaire e Beccaria, mas eles galvanizaram um sentimento de rejeição que já estava no "ar" fazia tempo; e, como autores populares que foram, exerceram sem dúvida uma influência na sequência dos acontecimentos. Sua real importância, contudo, foi, na mesma época do aparecimento do livro de Foucault, também contestada por um historiador de nomeada que a classificou como sendo um "conto de fadas" (Langbein, 2006, p. 10).

Sem gozar do prestígio que tem um Foucault junto ao grande público, John Langbein, entretanto, é autor de um livro – *A tortura e a lei das provas* – que é uma passagem obrigatória nos estudos sobre a influência real dos reformadores penais na abolição da tortura na segunda metade do século

18. Observo que não é o caso do livro de Michel Foucault, que tem por objeto específico os suplícios e só incidentalmente fala da tortura.

XVIII. A "lenda" que se constituiu desde então é assim esquematicamente apresentada pelo autor:

> O sistema de tortura judicial persistia incólume no século XVIII. Então surgiu uma série de hábeis publicistas, notadamente Beccaria e Voltaire, que revelaram as incuráveis deficiências da jurisprudência da tortura. Esses escritores chocaram a consciência da Europa e inspiraram os grandes monarcas das Luzes a abolir a tortura (Langbein, 2006, p. 10).

Mas, diz Langbein, se esse sistema permaneceu formalmente em vigor até meados do século XVIII, a verdade é que ele não permaneceu "incólume", pois, segundo o autor, o sistema romano-canônico de provas começou a perder força bem antes. A tese que Langbein defende é a de que a abolição da tortura repousa sobre algo bem mais prosaico do que "a consciência da Europa" despertada pelos escritos de "hábeis publicistas". Para ele, ela repousa sobre duas mudanças que aos poucos se operaram no direito penal já a partir dos séculos XVI e XVII: de um lado, "o desenvolvimento de novas formas de punição para crimes sérios – prisão e os vários modos de trabalhos forçados" –, de onde resultou, de outro lado, que "os tribunais se julgaram competentes para impor as novas e menos rigorosas punições de acordo com um padrão menos rigoroso de provas" (Langbein, 2006, p. 49). Dentro desse novo padrão, a convicção subjetiva dos juízes liberava-os da busca a todo custo da certeza objetiva, propiciada pela confissão. Esse padrão menos exigente de provas tinha existido na Idade Média para casos de pequenos crimes, os chamados *delicta levia*, em relação aos quais "a investigação sob tortura era proibida" (Langbein, 2006, p. 13). O que aconteceu a partir dos séculos XVI e XVII foi que os tribunais, por extensão e analogia, começaram a aplicar as novas sanções de prisão e trabalhos forçados em casos de crimes sérios, quando a prova plena era impossível de ser obtida. O sistema romano-canônico continuou existindo para os "casos fáceis" – aqueles onde havia duas testemunhas oculares ou a confissão –, mas, no novo sistema de provas, a punição tornava-se possível mesmo que o acusado não confessasse o crime. Em resumo, "um tribunal no século XVIII já não era forçado a encarar a horrível escolha que o sistema romano-canônico impunha na Idade Média" (Langbein, 2006, p. 50) – entendendo-se por "horrível escolha" a decisão de submeter alguém à tortura.

O trabalho de Langbein é um desses que se tornam incontornáveis no trato dessa matéria. Mas nem por isso é a última palavra sobre o assunto. Uma das questões que podem lhe ser endereçadas é a seguinte: Mas por que isso aconteceu? Ou seja: Por que os tribunais construíram uma jurisprudência que dispensava a confissão para condenar alguém – mesmo para "crimes sérios"? Responder-se-ia: porque doravante não se era obrigado a condená-lo à morte. Mas a resposta apenas desloca a questão para outro patamar: E por que não se recorria mais à tortura para obter a confissão, e assim condenar à morte com a mesma boa consciência de antanho? Langbein (2006, p. 55) nos deixa sem resposta: "Não sabemos dizer com precisão porque a revolução na lei das provas teve lugar".

Langbein se defronta com a questão que o próprio Foucault já havia levantado sobre que papel tiveram os sentimentos de humanidade para com os condenados na abolição dos suplícios. Como vimos, Foucault não a responde. Já Langbein, mesmo não a respondendo com todas as letras, acena a uma resposta que vai no sentido da tese que aqui exploro: os juízes, para além de razões que hoje poderíamos até chamar de corporativas – liberdade para julgar com base no livre-convencimento, por exemplo –, "podem também ter sido motivados *por razões humanitárias*"! (Langbein, 2006, p. 57, itálicos meus). Ao final do seu argumento, Langbein, mesmo tendo colocado na pauta da discussão a tese do "conto de fadas", termina reconhecendo que os grandes "publicistas" – Voltaire, Beccaria etc. – "exerceram algum papel" na abolição da tortura judicial no século XVIII. E conclui dizendo que "o erro dos historiadores" que aceitaram facilmente o "conto de fadas" tem sido o de "ignorar o enorme significado das mudanças" que se deram no "interior dos sistemas legais europeus" e que tornaram a abolição "possível" (Langbein, 2006, p. 69). Seja. Mas, no frigir dos ovos, o que se verifica é que a tese do "conto de fadas" parece mais uma fórmula para causar impacto do que uma fortaleza inexpugnável, pois o próprio autor admite que "razões humanitárias" podem ter se infiltrado entre suas frestas. Exploremos algumas dessas infiltrações.

Como vimos, a tortura foi abolida na Prússia por Frederico o Grande em 1754, mas o processo de abolição já estava paulatinamente em curso fazia tempo. Quando ele acedeu ao trono em 1740, a tortura judicial ainda estava formalmente em vigor. Mas 20 anos antes, em 1720, o imperador de então, seu pai, tinha "exigido que toda sentença de tortura fosse submetida à aprovação real antes de ser executada" (Langbein, 2006, p. 61). Em 1752, o novo imperador autorizou o uso da tortura pela última vez, no caso de um crime especialmente atroz. Mas aproveitou a ocasião para tornar clara sua hostilidade aos tormentos e anunciou o que iria dois anos mais tarde se tornar a razão da abolição definitiva: "A confissão não deveria ser necessária para condenar – ele disse – quando 'as circunstâncias' são claras e completamente provadas contra o culpado". E quando finalmente decretou o seu fim, "explicou que estava abolindo a tortura porque ela era 'horrível' e 'um meio incerto para descobrir a verdade'" (Langbein, 2006, p. 62).

As razões expostas por Frederico o Grande, de um lado, vão ao encontro da tese principal de Langbein: aboliu-se a tortura porque os juízes passaram a ter "liberdade para basear os julgamentos" no livre-convencimento quando "as circunstâncias" eram claras, já não sendo necessária a confissão para uma condenação. Mas é preciso atentar igualmente para a tese secundária presente no seu trabalho: a existência de uma sensibilidade contra a tortura também presente naqueles que, em posições de poder, tomaram a decisão de aboli-la. Frederico o Grande disse que a tortura era "horrível"; e Luís XVI, quando aboliu a "questão prévia", disse ancorar-se na "moderação que a humanidade reclama" e anunciou que se tivesse de voltar atrás na sua decisão o faria "a contragosto". Por que não acreditar neles?

Tanto mais que toda a argumentação erudita de Langbein diz respeito – mas isso não fica claro no seu livro – à abolição da tortura enquanto "questão preparatória", aplicada para obter a confissão, e não enquanto "questão prévia", aplicada para obter informações sobre possíveis cúmplices. Se, de acordo com a tese do autor, as razões para a abolição da primeira, em 1780, repousam no fato de que a confissão não era mais necessária para uma condenação, o argumento não serve para explicar a abolição da segunda, em 1788. Afinal, a condenação já havia sido proferida. E, neste caso – o da "questão prévia" –, tratava-se apenas de tripudiar sobre um corpo que, de toda forma, já estava condenado ao sofrimento no cadafalso. Um sofrimento a mais, um sofrimento a menos, qual a diferença? Claro, daquele corpo podiam-se ainda obter informações úteis. Mas se nos colocarmos no interior da lógica de Langbein, somos obrigados a concluir que sua explicação não se aplica a essa segunda abolição. E que explicação haveria?

A tese em que invisto é a de que uma sensibilidade que repudia a tortura e os suplícios impregna o "ar do tempo" na segunda metade do século XVIII. É um ar respirado tanto por aventureiros como Casanova quanto por figuras ilustres que hoje chamaríamos de formadores de opinião, como Voltaire, Beccaria, Marat etc., mas até por juízes que mandavam torturar e supliciar, para quem, também, a inflição de "dores inúteis" devia doravante ser evitada: "Depois de 1750 os *parlements* franceses [...] ordenavam mais amiúde que o condenado fosse estrangulado antes de ser queimado na fogueira ou colocado sobre a roda" (Hunt, 2009, p. 102). A ordem, conhecida como *retentum*, muitas vezes era aplicada pelo carrasco "secretamente", para que o escamoteamento da "exibição de punição violenta não diminuísse a impressão causada no público" (Spierenburg, 1984, p. 72). Vemos aí, ao mesmo tempo, preocupações estratégicas e sentimentos humanitários misturados. São razões talvez contrárias, mas não são contraditórias.

Para Edward Peters (1989, p. 98), "de todas as correntes de resistência à tortura, talvez a moral seja geralmente a mais simpática e menos mensurável em influência". Talvez. Afinal, uma figura como o "ar do tempo" é, por definição, algo difícil de se mensurar. Mas nem por isso é menos real do que as chamadas "forças materiais", que são operadas por pessoas que o respiram. Quem causa o que, ou influencia quem, essa é uma questão impossível de ser deslindada, tanto quanto é impossível saber quem nasce primeiro: se o ovo, se a galinha. John Langbein (2006, p. 69) diz esperar "ter mostrado por que a revolução na lei das provas *deve* ser o ponto inicial para se reescrever a história da abolição da tortura judicial" (itálico meu). Mas poderíamos trocar o modo verbal "deve" pelo modo verbal "pode" e, num raciocínio circular, igualmente dizer que uma nova sensibilidade frente ao sofrimento dos torturados *pode* ser o ponto inicial para se contar a mesma história. Como o próprio Langbein reconhece, não se sabe por que a "revolução na lei das provas" aconteceu. O que é reconhecer que, no fundo, ninguém sabe onde começa um círculo!

Aquele de que nos ocupamos, aliás, já girava desde os séculos XVI e XVII, como vimos. Outro importante historiador da abolição da tortura judicial, Alec Mellor, informa que na época da edição da legislação francesa ainda em vigor no século XVIII – a Ordenação Criminal de 1670, sob o reinado de Luís XIV –, a tortura já aparece para muitos como "nem útil nem moral", tendo sido mantida pelo rei "sem grande convicção" (Mellor, 1961, p. 126). Com efeito, quando, mais de um século depois, em 1780, Luís XVI emite sua Declaração abolindo a "questão preparatória", o texto menciona esse descrédito já antigo como uma justificativa para finalmente aboli-la:

> Fomos informados que, por ocasião das conferências havidas previamente à redação da Ordenação do mês de Agosto de mil seiscentos e setenta, Magistrados recomendáveis por uma grande capacidade & por uma experiência consumada, tendo-se explicado sobre esse gênero de Questão, teriam declarado que ela lhes tinha sempre parecido inútil, que era raro que a Questão preparatória tivesse extraído a verdade da boca de um Acusado & que havia fortes razões para suprimir seu uso, & nos parece que não se cedeu então senão por uma espécie de respeito por sua antiguidade (Déclaration du Roi portant abolition de la Question préparatoire, 1780).

Mellor reporta uma curiosa troca de correspondência entre Pussort, um ministro de Luís XIV, e Lamoignon, um magistrado de Paris, a respeito da maneira de "dar a questão". Lamoignon, preocupado com o fato de que o artigo da Ordenação de 1670 que disciplinava o assunto não entrava em detalhes, dirige-se a Pussort para manifestar sua inquietação e pedir-lhe maiores esclarecimentos:

> Seria desejável que a maneira de dar a questão fosse uniforme em todo o reino, porque em certos lugares ela é dada tão rudemente que aquele que a sofre fica sem condições de poder trabalhar e permanece muitas vezes estropiado o resto dos seus dias (*apud* Mellor, 1961, p. 127).

A resposta de Pussort é surpreendente. Ele tranquiliza Lamoignon dizendo estar "subentendido" no artigo em questão que os juízes deverão ter o cuidado de não estropiar suas vítimas, mas, ao mesmo tempo, esclarece que "seria difícil tornar a questão uniforme", porque a sua "descrição [...] seria *indecente* numa Ordenação" (*apud* Mellor, 1961, p. 128, itálico meu).

À medida que o século XVIII avança, um sentimento hostil à tortura vai ganhando as opiniões mais ilustres no âmbito do próprio mundo jurídico. É o caso, para só citar dois nomes entre os mais conhecidos dos historiadores do direito, de Serpillon e de Pothier – ambos tendo exercido a magistratura e, portanto, tendo se defrontado com o dilema de submeter um acusado à "indecência". O primeiro chegou a escrever que "não se pode achar nada de mais cruel e mais injusto do que a Questão preparatória". Ao que tudo indica ele sabia do que estava falando, pois, segundo seu próprio testemunho, "assistiu" à sua aplicação "duas vezes" (Mellor, 1961, p. 185). Quanto a Pothier, no panegírico fúnebre feito em sua homenagem, o oficiante escreveu que seus pares "evitava[m] distribuir-lhe processos criminais nos quais estava previsto que a questão podia ser ordenada, porque ele não era capaz de suportar o espetáculo" (*apud* Mellor, 1961, p. 186).

Haveria ainda muito o que dizer sobre essa – se me permitem o jogo de palavras – questão. Por exemplo: se as críticas à tortura são bem mais antigas do que a versão hagiográfica que imputa sua abolição à influência de "hábeis publicistas" como Voltaire e Beccaria sobre a "consciência da Europa" na segunda metade do século XVIII, caberia perguntar: Por que só então ela ocorreu? Questão pertinente, que tentarei enfrentar adiante, no último capítulo do livro. Seja como for, o fato é que os renomados autores que clamavam pelo fim desses horrores, apesar de constituírem numericamente uma minoria, compunham um grupo sociologicamente importante por sua capacidade – como, aliás, ocorre em todos os tempos e lugares – de influir nas decisões emanadas da esfera pública. Um simples exemplo. No curso da campanha desenvolvida por Voltaire pela reabilitação de Calas, o caso tinha se tornado uma causa célebre, o que levou o próprio Rei Luís XV a conceder uma audiência à infeliz família do supliciado. E veio a reabilitação. Mais tarde, já no reinado de Luís XVI, vieram as abolições das "questões". Teria havido alguma relação entre esses eventos pertencentes ao mesmo "ar do tempo"? É possível. Se sim, a lição que fica é a de que argumentos morais não são puramente "ideias", na medida em que têm uma materialidade atestada pelo fato de que, em seu nome, algumas pessoas agem – e, ao agir, algumas interferem no mundo. Mas o mundo gira, e nem sempre no sentido que os humanistas desejam.

2.2 Retorno

> A tortura deixou de existir.
> Victor Hugo, em 1874
>
> A tortura é uma praga que infecta toda nossa era.
> Jean-Paul Sartre, em 1958

As duas frases acima assinalam dois fenômenos históricos conhecidos: de um lado, a abolição da tortura, de direito e de fato, em todos os países europeus entre o final do século XVIII e as primeiras décadas do século XX; de outro, o seu reaparecimento – não de direito, mas de fato – como prática que muitos desses mesmos países adotaram em diversos momentos de sua história no século passado. Os historiadores costumam ser unânimes: entre fins do século XVIII e o aparecimento dos estados totalitários depois da Primeira Guerra Mundial, a tortura tinha praticamente cessado de existir na Europa. Passados pouco mais de um século da sua abolição, porém, ela foi trazida de volta pelos regimes totalitários – o comunismo e o nazismo, notadamente –, que fizeram da tortura um instrumento de combate aos respectivos "inimigos internos". Em seguida à Segunda Guerra Mundial, os dois maiores países da Europa Ocidental saídos vencedores do conflito, a França e a Inglaterra, depois de promoverem junto com a União Soviética e os Estados Unidos o Tribunal de Nuremberg, caíram nas décadas seguintes na mesma tentação de empregar os métodos por eles condenados aos vencidos da véspera: os franceses nas guerras de libertação nacional na Indochina e na Argélia, já nos anos de 1950; e, nos anos de 1960, os ingleses na Irlanda do Norte. Mais recentemente, já no século XXI, os Estados Unidos, berço e por momentos refúgio da democracia no mundo moderno, valeram-se da tortura aplicada por *experts* em prisões instaladas fora do território norte-americano nas guerras que promoveram depois dos ataques às "torres gêmeas".

Há diferenças importantes entre a tortura de que fala Victor Hugo e aquela de que fala Sartre. A primeira era oficial, sua prática era regulamentada em leis e sua aplicação era determinada por juízes para extrair confissões em processos criminais. Era uma *tortura judicial*, abolida em finais do século XVIII. Já a tortura moderna não é oficial, seus códigos são secretos, e é aplicada por aparelhos do Estado visando a obtenção de informações contra seus oponentes. É uma *tortura política*. Mas há o que também poderíamos chamar de *tortura policial*, capítulo em que países como o Brasil têm muitas contas a prestar. Submetidos à influência cultural europeia no momento da nossa independência, a tortura foi também oficialmente abolida entre nós pela Constituição do Império de 1824. Aqui, todavia, essa abolição foi quase sempre um ato de fachada, ou, em todo caso, válida apenas para os bem-nascidos, enquanto a massa de desprivilegiados continuou, como sempre – e até os dias de hoje –, submetida ao arbítrio policial e seu arsenal de maus-tratos de todos conhecido. Outro é o caso, pelas repercussões e consequências, quando, em períodos de exceção, as classes médias e mesmo altas perdem momentaneamente suas imunidades sociais e caem no rol das "classes torturáveis" – para usar uma expressão do escritor inglês Graham Greene no romance *Nosso homem em Havana*. Foi o que aconteceu na ditadura do Estado Novo de Getúlio Vargas, e foi o que voltou a acontecer durante a ditadura instalada pelos militares, sobretudo após a edição do AI-5, quando a tortura passou a fazer parte do arsenal "normal" do regime para combater seus opositores.

Terminada a ditadura, a tortura policial ordinária continuou a ser praticada nos lugares de onde nunca saiu – antes, durante e depois da ditadura. O assunto é de tal modo público e notório que se torna desnecessário insistir nele. Mas, apenas para dar um exemplo que é ao mesmo tempo simbólico e chocante das diferenças entre a nossa tortura *política* e a tortura *policial*, lembro um antigo episódio ocorrido já no governo do civil José Sarney, quando os generais já haviam abandonado o Palácio do Planalto. Em 10 de agosto de 1985, o *Jornal do Brasil* publicou uma foto estarrecedora: em uma delegacia de polícia de Porto Alegre, um jovem negro de 19 anos, Antônio

Clovis Lima dos Santos, conhecido por "Doge", aparecia pendurado num "pau de arara" – o instrumento de tortura que justamente tinha se tornado o símbolo mais conhecido na iconografia sinistra dos porões da ditadura militar. "Doge", gari de profissão e suspeito de participar de um assalto a um caminhão de bebidas, foi arrancado do seu barraco às 4 horas da manhã e levado a uma delegacia, onde foi torturado para confessar seu crime. Uma história banal como incontáveis outras no Brasil. Se o seu caso saiu da rotina foi graças à foto feita por um policial, contrário aos métodos dos seus colegas, num instante em que estes haviam deixado a sala de tortura. Essa súbita celebridade de "Doge" parece ter sido ao mesmo tempo sua perdição. Dezoito dias antes de depor num inquérito instaurado para apurar o seu caso, foi misteriosamente assassinado... (A selvageria [...], 1990, p. 66).

Mas deixemos por enquanto esse assunto em suspenso e voltemos à Europa. Ao que se sabe, coube ao comunismo soviético a duvidosa honra de ter sido o primeiro a utilizar a tortura política. Não por ter sido mais impiedoso do que o nazismo, mas pelo simples fato de ter chegado primeiro ao poder. Segundo observa Alexander Soljenítsin no *Arquipélago Gulag*, desde os primeiros anos do regime soviético discutia-se abertamente, em publicações como *A espada vermelha* e *O terror vermelho*, "se o emprego da tortura seria admissível de um ponto de vista marxista". E completa o autor: "A julgar pelos resultados, a resposta foi positiva" (Soljenítsin, 1974, p. 80). O nazismo, que só em 1933 chegou ao poder, levou para o aparelho de Estado toda a violência já amplamente exercida, fora dele, pelos seus truculentos grupos paramilitares.

Em um e em outro caso, mesmo tendo sido fartamente empregada, a tortura permaneceu sempre no terreno do não dito ou da linguagem cifrada, como o famoso "tratamento especial" previsto em instruções nazistas para judeus, comunistas, ciganos etc. Apesar disso, os historiadores conseguiram recensear alguns poucos mas eloquentes documentos oficiais onde sua adoção é praticamente explicitada. Assim, em 1942, uma ordem proveniente de Himmler autorizava a tortura, embora esta, curiosamente, fosse designada pelo termo "terceiro grau", uma expressão empregada na época para definir os métodos mais "duros" da polícia norte-americana (Mellor, 1961, p. 213). Já no que diz respeito à prática de fazer "desaparecidos", tão conhecida dos latino-americanos, o regime nazista chegou a oficializá-la sem esconder as palavras. Em 7 de dezembro de 1941, um decreto que ficou conhecido como *Nacht und Nebel* (Noite e Névoa), assinado pelo Marechal Keitel, começava assim:

> Depois de ter longamente refletido, o Führer decidiu que [...] só a pena de morte, ou *medidas que deixem a família e a população na incerteza quanto ao destino do culpado* podem assegurar uma terrorização eficaz e durável (Rohman, 1983. p. 157, itálicos meus).

O stalinismo também produziu suas pérolas. No famoso Relatório lido secretamente por Khrushchov no XX Congresso do PCUS, em fevereiro de 1956, é citado um telegrama de Stalin endereçado aos órgãos de segurança, datado de 20 de janeiro de 1939, onde se lê: "O Comitê Central do Partido Comunista da União Soviética explica que a aplicação dos métodos de pressão física praticados pela NKDV [polícia política] é permitida desde 1937". E justificava:

> É conhecido que todos os serviços burgueses da contraespionagem usam métodos de influência física contra os representantes do proletariado socialista sob as formas mais escandalosas. A questão que se coloca é a de saber por que os serviços de contraespionagem socialistas deveriam se mostrar mais humanitários contra os agentes desenfreados da burguesia (*apud* Vidal-Naquet, 1986, p. 12-13)[19].

Depois da Segunda Guerra, a ação francesa na Argélia, amplamente documentada, é a mais conhecida. Menos de dez anos depois de a Declaração Universal dos Direitos Humanos ter sido proclamada em Paris, a França se vê envolvida numa guerra no amplo território localizado no outro lado do Mediterrâneo e que era até então considerado um "departamento" francês. Atentados espalham o terror em Argel, explodindo bombas nos edifícios públicos e nos bairros habitados pela população francesa. Mas os "colaboracionistas" nativos também eram mirados pelos insurgentes. No episódio (mais exatamente, um conjunto de episódios) que ficou conhecido como a Batalha de Argel, em 1957, os "serviços especiais" do General Massu, chefe das forças de segurança na Argélia francesa, estava torturando os insurretos para descobrir onde estavam as bombas. Como estávamos na França, a pátria de Voltaire, mas também de Sartre, as notícias das torturas chegaram a Paris e o caso virou um escândalo. Um historiador francês, Pierre Vidal-Naquet, escreveu um livro, *A tortura na República* (1972), que abalou a consciên-

19. Posteriormente ao fim da Segunda Guerra Mundial, com a extensão do Império Soviético, a tortura política foi levada aos países do Leste Europeu, onde foi largamente empregada durante os famigerados "expurgos" dos anos de 1950. No filme *A confissão*, de Costa-Gavras, vê-se Yves Montand (isto é, o dissidente tcheco Arthur London) comer o pão que o diabo amassou para confessar que fazia parte de um fantástico complô para derrubar o regime.

cia dos seus compatriotas: os militares franceses estavam praticando crimes contra a humanidade em nome de uma República que tinha por divisa *Liberté, Égalité, Fraternité.*

No caso francês, chegou a haver a recomendação, feita num relatório escrito por um funcionário de alto escalão, para regulamentar a tortura! O autor dessa recomendação foi um certo Roger Wuillaume, despachado para a Argélia a fim de informar o governo sobre a veracidade das denúncias do que estava acontecendo por lá. Merecem ser transcritos alguns trechos do seu informe:

> É preciso ter a coragem de tomar uma posição sobre esse delicado problema. Com efeito, ou nos confinamos na atitude hipócrita que prevaleceu até o presente, e que consiste em querer ignorar o que fazem os policiais, desde que não haja marcas ou que não se possa fazer a prova das sevícias empregadas, e nesse caso a polícia continuará cumprindo sua missão cometendo às vezes excessos, numa espécie de cumplicidade tácita das autoridades; ou então assumimos a atitude falsamente indignada daquele que pretende ter sido enganado, jogamos o anátema sobre a polícia, proibimos-lhe qualquer outro procedimento que não seja o interrogatório correto, e a lançamos na confusão ao mesmo tempo em que a paralisamos (*apud* Vidal-Naquet, 1972, p. 32).

Para escapar desse dilema, o funcionário propõe uma solução baseada no *savoir-faire* dos próprios torturadores:

> O procedimento da mangueira d'água e da eletricidade, desde que utilizados com precaução, produziriam uma comoção muito mais psicológica do que física, sendo portanto excludentes de qualquer crueldade excessiva. O método, no caso da mangueira, consistiria em introduzir água na boca até a asfixia apenas, evitando-se o desmaio ou a ingestão; quanto à eletricidade, tratar-se-ia unicamente de descargas rápidas e múltiplas praticadas sobre o corpo, à maneira de pequenos choques (*apud* Vidal-Naquet, 1972, p. 33).

Essa tortura mais "psicológica" do que física, apesar de rechaçada pelo governo do então Primeiro-ministro Guy Mollet – cujo representante na Argélia recusou-se "absolutamente" a aprovar as recomendações de Wuillaume –, receberá o apoio inequívoco do General Massu. Em uma nota a seus comandados datada de 19 de março de 1957, o general escreve:

> A condição *sine qua non* de nossa ação na Argélia é que esses métodos sejam admitidos, em nossas almas e consciências, como necessários e moralmente válidos (*apud* Vidal-Naquet, 1972, p. 51)[20].

No caso da ação anti-insurrecional da Inglaterra na Irlanda, as coisas serão, por assim dizer, menos drásticas. Segundo reporta Elio Gaspari (2002, p. 26), "chegou-se à virtual legalização da brutalidade em interrogatórios, bem como ao uso de técnicas destinadas a desestruturar a personalidade dos presos". Essas "técnicas" incluíam

> privação do sono, alimentação a pão e água, detenção em lugares onde o preso ouvia barulhos ensurdecedores e, finalmente, a obrigação do suspeito de ficar encapuzado e horas de pé, com os braços levantados, apoiados numa parede (Gaspari, 2002, p. 26).

Em 1972, uma comissão de inquérito destinada a apurar tais brutalidades concluiu que "'não há razão para proibir essas técnicas com base na moral', pois 'é possível operar com elas de acordo com os altos padrões da nossa sociedade'" (Crozier, 1975 *apud* Gaspari, 2002, p. 26). Mas, aparentemente, a "sociedade" inglesa, talvez porque preferisse continuar na ignorância do que acontecia[21], não se sentiu confortável ao tomar conhecimento do que andavam fazendo em seu nome. Depois de discutidas publicamente as conclusões da comissão, "o governo inglês proibiu o barulho nas celas, os capuzes, a privação do sono e os longos períodos de pé, além de ter mudado a dieta dos presos" (Gaspari, 2002, p. 26). Ou seja, voltou-se atrás assim que o assunto chegou ao escrutínio público.

Saltando várias outras situações entre a última metade do século passado e o momento que estamos vivendo neste primeiro quarto de um novo século, essa mesma tentação da tortura seduziu os norte-americanos em seguida aos ataques terroristas de 11 de setembro de 2001. Quando o mundo, chocado, descobriu em maio de 2004, estampadas nos principais jornais do planeta, fotos de prisioneiros nus na prisão de Abu Ghraib em Bagdá, uns amarrados a grades ou com fios elétricos conectados aos dedos, outros acua-

20. Conta-se que ele pessoalmente, interessado em tirar a prova dos nove, mandou aplicar em si mesmo alguns choques, para poder melhor conhecer e julgar os seus efeitos. Na época correu a anedota de que o torturador de mentirinha encarregado de aplicar os choques teria lhe infligido uma baixa voltagem, com medo de que o general confessasse ser ele também um terrorista infiltrado nas forças armadas!

21. Afinal, a sensibilidade moderna tem repulsa por essas práticas.

dos por cães ferozes, ou ainda sendo escarnecidos por uma soldada com os dedos imitando pistolas e apontando para seus órgãos sexuais, posando para o fotógrafo com um acintoso cigarro no bico – quando o mundo descobriu isso, os mais atentos já sabiam que coisas desse tipo andavam se passando nas prisões controladas pelos norte-americanos nessa região do mundo.

Logo depois do ataque às "torres gêmeas", numa atmosfera envenenada por temores que longe estavam de ser infundados, e mesmo permanecendo uma prática acobertada pelo segredo – ainda que fosse um "segredo de Polichinelo" –, a tortura voltou a ser teorizada em debates públicos sobre sua conveniência para arrancar informações de terroristas, chegando a ganhar o apoio de pessoas como o advogado Alan Dershowitz[22], professor de Direito na prestigiosa Universidade de Harvard, autor de um livro que deu o que falar – *Why terrorism works* (2002a) –, no qual defende a tese de que a tortura de terroristas pode ser moralmente justificada em alguns *ticking bomb cases* ("casos de bomba-relógio"), visando salvar vidas. Em meio à previsível enxurrada de rejeições a suas propostas, James Olson, espião aposentado da CIA – *et pour cause* –, veio em seu socorro: "Muitos dos nossos mais próximos aliados recorreram à tortura em tempos de grande tensão e perigo nacional: os franceses na Argélia, os ingleses na Irlanda do Norte e os israelenses no Oriente Médio" (Olson, 2006, p. 65). E autoridades do mais alto escalão, inclusive o Vice-presidente Dick Cheney, mesmo repisando a preliminar de que o país "não se engaja na 'tortura'", defenderam a prática de técnicas de interrogatório "inovadoras" e "aprimoradas" [*enhanced*] – entre elas a "simulação de afogamento" [*waterboarding*], que consiste em

> amarrar o prisioneiro numa prancha inclinada, cobrindo sua face com um tecido, e derramar água sobre o rosto, produzindo nele pânico e uma sensação extrema de afogamento (Olson, 2006, p. 66).

Dershowitz, além do livro citado, escreveu um artigo que também deu o que falar – "Want to torture? Get a warrant" (2002b – numa tradução livre: "Quer torturar? Obtenha um mandado") –, no qual repetia um argumento que já constava no livro e que usou a seu favor, como fez numa entrevista publicada pela revista *Veja* entre nós:

---

22. Dershowitz tornou-se uma figura conhecida do grande público por ter defendido celebridades como o milionário Claus von Bulow, acusado de ter assassinado a esposa doente. Essa história virou um filme de sucesso exibido entre nós com o título de *O reverso da fortuna*.

> A tortura está sendo utilizada por nossas autoridades, e elas não dão sinais de que estejam dispostas a parar com essa prática. Então, que se estabeleçam regras democráticas para o uso da coerção física nos interrogatórios de acusados de terrorismo. Esse método só poderia ser utilizado, a meu ver, com autorização judicial, e em casos extremos (Entrevista com [...], 2003).

Ou seja, ele se defendia da acusação de ser um apologista da tortura: "Distorceram minhas palavras. Nunca defendi a tortura. Sou contra a tortura", afirmou na mesma entrevista. Semelhantemente ao que propusera o francês Wuillaume, o que ele dizia defender não era a tortura em si, mas, já que ela era inevitável, submetê-la à *accountability* de que os norte-americanos são tão ciosos. De fato, como observa um dos seus críticos, Dershowitz argumenta em favor de um procedimento judicial e sustenta que sua proposta é "melhor do que a manutenção das decisões [de torturar] sob a capa do segredo governamental e fora do escrutínio público" (Wagner, 2003, p. 523). Daí a proposta de obter um mandado judicial antes de submeter um suspeito à tortura, autorizando-a. "Dershowitz pretende com tal mandado 'reduzir o uso da tortura ao mínimo possível [e] criar *accountability* pública para seu uso raro'". E, acredite o leitor, "proteger os direitos dos suspeitos" (Wagner, 2003, p. 524). Mas como isso seria feito? Seu crítico aponta uma série de questões importantes que ele deixa sem resposta e que expõem as dificuldades – para não dizer impossibilidades – operacionais de oficializar a tortura num Estado de direito. Por exemplo: Que indícios de culpa e urgência seriam necessários fornecer à autoridade encarregada de emitir um tal mandado? Como, para uma decisão tão grave, ter uma certeza "além da dúvida razoável" – como diz o velho brocardo do direito anglo-saxão? E quem iria decidir sobre tal mandado? Uma "agência reguladora, um juiz singular ou um colegiado de três juízes?" Ademais, "tal mandado estaria sujeito a uma revisão judicial? Dadas as situações de emergência descritas por Dershowitz, isso parece improvável" (Wagner, 2003, p. 524) etc.

Respirou-se naqueles anos um novo "ar do tempo", um momento em que pessoas as mais diversas, mesmo enchendo-se de dedos, achavam que há ocasiões em que é inevitável meter a mão na massa[23]. Nessas ocasiões, o ar-

23. Exemplo disso é o que disse o roteirista Joel Surnow, um dos criadores da série televisiva de grande sucesso *24 horas*, muito criticada pela exaltação da violência: "Acho que a tortura funciona. Funcionaria comigo. [...] Para qualquer pessoa que se encontre nas circunstâncias em que Jack Bauer [herói da série] está, acho que seria bobagem não usá-la. Se a família de alguém fosse ser assassinada dali a dez minutos, a menos que você conseguisse obter alguma informação por

gumento da *ticking bomb* – velho de dois séculos, pois ele teria sido teorizado pela primeira vez por ninguém menos que Jeremy Bentham[24] – costuma ser trazido ao debate. "Um terrorista colocou uma bomba: Deve-se torturá-lo para saber onde ela está?" A pergunta, para nosso desconforto, não foi extraída de nenhum panfleto provocativo da extrema-direita norte-americana; ela foi formulada pelo psicanalista argentino Miguel Benasayag, um ex-torturado pela ditadura militar do seu país, num livro em que reflete sobre a tortura no mundo moderno. E ele mesmo, sem dar nenhuma resposta, reconhece a vertigem que ronda qualquer um de nós frente a tal pergunta, ao lembrar que "ninguém gostaria de ser confrontado a essa questão" (Benasayag, 1986, p. 21). Esse é um dos argumentos mais correntes entre os que defendem a tortura, e também, pelo seu impacto, o que tem o maior poder de convencimento. Uma de suas versões é conhecida como a "parábola do avião cheio de crianças". Eis como Elio Gaspari a apresenta:

> imagine-se um avião cheio de crianças no qual se sabe que há uma bomba. Ela explodirá dentro de duas horas, e acaba de ser preso o terrorista que, com quase toda a certeza, sabe onde ela foi escondida. Ele se recusa a falar. [...] Aceitando-se que a bomba existe e que o preso sabe onde ela está, parece preferível torturá-lo (Gaspari, 2002, p. 43).

Mas, como lembra o próprio Gaspari, há uma grande disparidade entre "a frequência com que a charada do avião de crianças é repetida na literatura anti-insurrecional e a parcimônia com que se menciona um caso semelhante, ocorrido na vida real" (Gaspari, 2002, p. 44). Mais do que parcimônia, há raridade – se é mesmo que tais casos existem com a nitidez de *tipo-ideal* que o exemplo sugere. Em 2009, depois do escândalo de Abu Ghraib e da enxurrada de denúncias que não paravam de aparecer, o Senado norte-americano resolveu finalmente intervir e formou uma comissão para investigar o "programa de detenção e de interrogatório" da CIA em prisões clandestinas instaladas fora do território norte-americano, no quadro da "guerra ao terror" declarada pelo

---

meio de tortura, você torturaria. [...] E não estamos dizendo que seja bom, ruim ou sei lá o quê. Queremos saber: O que você faria?" (cf. *Bravo!*, n. 115, mar. 2007).

24. Em 1804, Bentham – com aquela coerência cabeçuda bem sua –, levando suas premissas utilitárias às últimas consequências, escreveu um texto que permaneceu inédito, "Means of extraction for extraordinary occasions" (s/d), no qual, como o título indica, sustenta a tese de que é legítimo empregar a tortura em "ocasiões extraordinárias". Ainda que o terrorismo político não fosse de sua época, seu texto é considerado fundador do argumento da *ticking bomb* (cf. Twining; Twining, 1973).

Presidente Bush. A comissão trabalhou durante três anos, ao fim dos quais, em 2012, produziu um longo relatório de mais de 6.700 páginas, bem documentadas, analisando as atividades do "programa" entre 2002 e 2006, quando foi oficialmente encerrado em seguida a "revelações na imprensa [...], preocupações jurídicas e problemas de supervisão", diz o texto de apresentação do relatório[25], que acrescenta que o "Programa [...] prejudicou a imagem dos Estados Unidos no mundo inteiro" (Senate Select Commitee on Intelligence *et al.*, 2015, p. 24-25). Um trecho em especial desse documento, referindo-se especificamente ao argumento da *ticking bomb*, merece ser transcrito:

> Que circunstâncias conduziram ao emprego da tortura, reconhecida, mesmo por seus defensores, como moralmente repreensível e de uma legalidade na melhor das hipóteses duvidosa? O argumento da necessidade iminente foi o mantra adotado pela administração Bush. O cenário da bomba-relógio foi evocado muitas vezes. [...] Entretanto, nos inúmeros casos estudados pelo Senado não se encontra nenhum sentimento de urgência. Os prisioneiros ficam acorrentados durante semanas antes de serem interrogados; as técnicas [de interrogatório] continuam a ser às vezes utilizadas, embora pareça claro que é tarde demais para obter informações urgentes (Senate Select Commitee on Intelligence *et al.*, 2015, p. 25).

Mesmo assim, a verdade, incômoda por certo, é que, teoricamente pelo menos, é possível aventar que tais *extraordinary occasions*, como diria Bentham, existem, e o próprio Gaspari chega a citar uma:

> Em novembro de 1956, a polícia de Argel prendeu em flagrante um terrorista que acabara de colocar uma bomba no gasômetro da cidade. Sabia-se que ele montara outro artefato e que, se este explodisse, poderia matar milhares de pessoas. O terrorista recusava-se a falar e o chefe de polícia levou o problema ao secretário-geral da prefeitura, Paul Teitgen. Católico fervoroso, combatente da Resistência, Teitgen sabia o que estava em questão, pois fora prisioneiro e vítima de torturas da polícia alemã no campo de Dachau. Ele conta: "Eu me recusei a deixar que o torturassem. Tremi a tarde toda.

25. O prefácio, escrito por John Rick MacArthur e Scott Horton, dois importantes intelectuais norte-americanos militantes da causa dos direitos humanos, tem por título "Une plongée dans le *deep state* américain". (Por razões que não vêm ao caso, o relatório foi consultado na sua versão francesa.)

Finalmente, a bomba foi achada e desarmada. Graças a Deus eu tive razão" (Gaspari, 2002, p. 44).

E se não tivesse? A pergunta, sem dúvida, é embaraçosa. Tanto mais que, segundo o historiador Vidal-Naquet (1989), a versão de Teitgen, reportada por Gaspari, por mais que o *happy end* nos alegre, não procede. O terrorista em questão era Fernand Iveton, comunista francês engajado na luta pela libertação da Argélia, encarregado de explodir essa importante usina a gás em Argel. Alguns de seus companheiros de armas, mais afoitos e radicais, queriam realmente fazer da explosão, se possível, uma "pequena Hiroshima", capaz de encurtar a guerra pelo choque que teria provocado. Mas Iveton não queria uma explosão mortífera, apenas uma "explosão testemunha", e instalou o artefato de modo a que só produzisse danos materiais. Mas foi pego antes da explosão. Segundo Teitgen, "a bomba foi achada e desarmada" a tempo. A que preço? Nenhum dos autores aqui reportados esclarece esse aspecto da questão, mas, segundo Vidal-Naquet (1989, p. 79), a "polícia de Argel" desobedeceu as ordens de Paul Teitgen e "Iveton foi torturado". Teria sido mediante esse expediente que a bomba foi neutralizada a tempo? No meio dos debates que a prática da tortura suscitou na França na época, há uma reflexão corajosa de Edgar Morin que merece ser retida:

> A tortura é eficaz. É verdade que essa eficácia tem seus limites: ela é incapaz de determinar a vitória na guerra; ela provoca, de volta, uma contraeficácia, ao suscitar vingadores. Mas ela é eficaz. Estatisticamente, a tortura faz falar e produz informações úteis. Tal é a constatação de todos, vítimas, torturadores, advogados, que conhecem esse aspecto da guerra da Argélia, mas que, por razões divergentes, dele falam pouco. [...] [É] insensato denunciar a ineficácia de tortura, e ainda mais condená-la em nome da eficácia, como o fizeram durante um certo tempo intelectuais ignorantes dos verdadeiros dramas e dos verdadeiros problemas. [...] Só do ponto de vista da moral é que a tortura pode ser condenada de modo absoluto (Morin, 1959).

A reflexão de Morin é corajosa não apenas porque reconhece a utilidade da tortura, mas também porque remete ao terreno frágil da ética a única possibilidade de nos insurgirmos absolutamente contra ela. A tortura sempre foi um problema, mesmo entre os antigos, porque sob o império de dores excruciantes qualquer um pode dizer qualquer coisa para livrar-se delas. Mas a *res fragila et periculosa* também é eficaz. Em meio a inúmeras informações falsas que as dores produzem, elas também produzem informações úteis. Tanto é que se o combate contra os suplícios foi um sucesso, aquele contra a tortura revelou-se, a partir de algum momento no século XX, com o aparecimento dos regimes totalitários e do terrorismo moderno, um fracasso. Digamos que foi relativamente fácil livrar-se da crueldade dos suplícios como punição, mas é bem menos fácil livrar-se da diabólica tentação de um método que funciona quando o que se busca são informações. Os suplícios eram cruéis e, no fim das contas, inúteis. A tortura é cruel, mas, no fim das contas, é útil. E não se trata apenas de regimes perversos em sua natureza como o stalinismo ou o nazismo, em sua busca fanática e frenética por "inimigos do povo". Trata-se, o que é desconfortável para nós, de democracias, como foi o caso da França, confrontada com as bombas que explodiam em Argel vitimando cegamente quem estivesse por perto.

Essa é uma explicação frequentemente lembrada para explicar o seu retorno, a saber: uma mutação que se operou no fenômeno da guerra. As gloriosas batalhas de antigamente, onde dois exércitos claramente identificados se batiam frente a frente regidos por um código de honra, foram em grande parte ultrapassadas por acontecimentos tipicamente modernos como as "guerras revolucionárias" e as "guerras de libertação nacional", nas quais os insurgentes adotam o terrorismo como uma das formas de luta e onde o aparato de repressão se vê desafiado por um "inimigo interno" escondido no seio da população que é preciso a todo custo descobrir. Alec Mellor resume essa explicação ao se referir às "condições modernas da guerra: "a procura, a todo preço, a cada minuto, sempre com urgência", da *informação*, "donde o desenvolvimento dos serviços *especiais* e do interrogatório *especial*" (Mellor, 1961, p. 179). Essa explicação, sem dúvida, possui considerável validade quando pensamos em tais circunstâncias, capazes de engendrar um tipo de tortura útil, justificada tanto pelo General Massu quanto pelo roteirista Joel Surnow. Mas, objeta Vidal-Naquet (1972, p. 13), "esse tipo de explicação de nada vale quando se pensa nos SS que torturavam judeus para obrigá-los a dizer que eram judeus sujos", mas também nos "oficiais franceses que torturavam argelinos para obrigá-los a gritar 'Viva a França!'"

Da mesma forma, a *urgência* na busca da *informação* para salvar vítimas inocentes ameaçadas por uma bomba prestes a explodir não tem nada a ver com situações por demais conhecidas de nós outros aqui no Brasil. Não me lembro, em tudo o que já li (e li um bocado) sobre as atrocidades cometidas pelas nossas forças de repressão contra subversivos e opositores durante o regime militar, de *um só caso* em que os torturadores pudessem estar, por assim dizer, "acobertados" pelo argumento da *ticking bomb*. Do massacre a que foram submetidos os dominicanos em São Paulo para revelar um "ponto" de encontro com Marighella pela equipe de Sérgio Fleury – e que levou à sua execução em 1969 –, ao interrogatório especial a que foram submetidos meus amigos para revelar uma tentativa de reorganizar o Partido Comunista em Aracaju, em 1976, nada disso tem qualquer relação com salvar vidas em regime de *urgência*. Muito menos tem algo remotamente a ver com isso a tortura infligida a um pobre gari – o "Doge" – para confessar um reles roubo de um caminhão de bebidas.

Com isso volto a um assunto deixado em suspenso mais atrás: a leniência da opinião pública, para dizer o mínimo, em relação às torturas tradicionalmente empregadas pela polícia brasileira contra as nossas "classes torturáveis". Recentemente, a imprensa publicou uma matéria com título quase inacreditável: "Técnica de tortura de quebrar dedo de presos é detectada em cinco estados" (Pagnan, 2023), a saber: Ceará, Rio Grande do Norte, Pará, Amazonas e Roraima. Rumores sobre tais práticas já existiam há tempos, mas elas foram constatadas por autoridades judiciárias em setembro de 2022, quando um juiz de Fortaleza, ouvindo a denúncia de um preso que interrogava, interrompeu a audiência e foi, acompanhado de um promotor e de um defensor público, ao presídio de Itaitinga apurá-la. E apurou: vários presos tinham os dedos quebrados. O promotor explica:

> Eles usam aqui a posição chamada de "procedimento". O detento senta no chão, com as pernas próximas ao corpo, e cruza os dedos em cima da cabeça. Eles [agentes] batem com a tonfa [cassetete] nos dedos que estão cruzados em cima da cabeça. Isso provoca lesões. Dependendo da força com que se bate, provocam lesões graves, inclusive com a quebra do osso (Pagnan, 2023).

A prática teria tido origem anos antes, em 2017, no Rio Grande do Norte, depois de uma rebelião com massacre de presos pertencentes a facções rivais entre si, no presídio de Alcaçuz. Após o surgimento de denúncias de maus-tratos (inclusive o uso do "procedimento") contra os presos já dominados, o secretário de Justiça e Cidadania do estado, em audiência pública, esclareceu:

> Quando se bate nos dedos, né? Quando falam isso, não é para [não] deixar marcas não, porque deixa marca. É para ele [preso] não ter mais força para pegar uma faca e empurrar num agente. É para não ter mais força para jogar pedra (Pagnan, 2023).

Isso – que equivale a uma "normalização" da tortura – é dito por um secretário estadual de Justiça e Cidadania, sem que, ao que se saiba, sua fala tenha provocado alguma reação contrária do governo de que fazia parte. Isso significa que, paralelamente ao apoio tácito que tais práticas recebem das pessoas comuns de um modo geral[26], elas existem e subsistem desde sempre porque as próprias autoridades da área da segurança não as levam muito a sério[27] – ainda que os nossos congressistas tenham explicitamente criminalizado a prática da tortura por meio da Lei n. 9.455 de 7 de abril de 1997. As leis são folhas de papel escritas. Elas não saem por aí caminhando sobre as próprias pernas e agindo. Para que valham é necessário todo um aparato de pessoas que as façam valer. Entre aquilo que está escrito e o que finalmente acontece há toda uma intermediação de agente públicos dispostos a fazê-la funcionar. Um delegado que investiga, um promotor que oferece denúncia, um juiz que julga etc. Em um caso como o do "procedimento" aplicado em Itaitinga, um juiz agiu. Como John Howard mais de dois séculos e meio antes, ele foi inspecionar o que acontecia com os presos submetidos à sua jurisdição. Mas quantos fazem como ele?

Há bastante material de pesquisa empírica no Brasil, hoje, dando conta de que a tortura policial comum é "um crime que a gente não trabalha", como anuncia o título de uma dissertação de mestrado recente sobre "o Sistema de Justiça Criminal e as lógicas organizacionais da tortura policial em Pernambuco" (Falcão, 2021). Não é um caso isolado. A propósito do "procedimento" denunciado em 2022 no Norte e Nordeste brasileiros, um caso verificado mais de dez anos antes, em São Paulo, apresenta notáveis semelhanças com o que acontecia no Ceará, mas que redundou na absolvição dos envolvidos na prática de violência. Trata-se de um caso envolvendo 23 funcionários da antiga Febem e 29 adolescentes que cumpriam medida de internação numa unidade da instituição. Segundo os autos do processo, "os adolescentes teriam sido agredidos durante uma transferência realizada após a ocorrência de rebelião e fuga em outra unidade" (Jesus, 2010, p. 157). O que se segue é quase um retrato do que se reproduziria mais tarde:

> Após o espancamento geral dos adolescentes, os funcionários teriam determinado que os internos ficassem somente de cuecas.

---

26. Basta lembrar "o silêncio sorridente de São Paulo diante da chacina [do Carandiru]" de que falam Caetano Veloso e Gilberto Gil na canção *Haiti*.

27. No mesmo dia em que escrevo isso (30/11/2024), leio na *Folha de S. Paulo* a seguinte matéria: "Mortes por PMs ficam sem punição em São Paulo, e famílias de vítimas reclamam de demora". O *lead* da matéria acrescenta: "Estado tem registrado aumento desse tipo de caso; para ex-promotor, há uma identificação entre Ministério Público e forças de segurança que dificulta as investigações".

> Em seguida, os adolescentes teriam permanecidos sentados, com a cabeça entre os joelhos e a mão na nuca (Jesus, 2010, p. 157).

E, no entanto, o juiz do caso, mesmo havendo nos autos "comprovação de lesões corporais", considerou que "tais ferimentos poderiam ter sido provocados pelos próprios adolescentes" (Jesus, 2010, p. 157) – que, afinal, protagonizaram uma tentativa de fuga. Os funcionários foram absolvidos por falta de provas, pois, segundo o entendimento do magistrado,

> [o]s adolescentes que reconheceram alguns dos acusados poderiam nutrir em relação a eles sentimentos de animosidade que os levassem a incriminá-los falsamente, em razão do longo período que com eles conviveram na unidade onde estavam internados, sendo importante ressaltar que as vítimas não são totalmente isentas e suas declarações devem ser recebidas com reservas (*apud* Jesus, 2010, p. 157).

Segundo a mesma pesquisa, que analisa "processos envolvendo os agentes do estado como agressores" em São Paulo, não são raras manifestações judiciárias do tipo "a vítima ostenta vasta lista de antecedentes criminais", o que, de pronto, "coloca-a no centro do julgamento": não é mais "o crime de tortura que é julgado, mas a própria vítima" (Jesus, 2010, p. 156). Daí que, voltando a Pernambuco e ao estudo de Falcão (2021), o Sistema de Justiça Criminal do estado prima pela "ausência da tortura policial" como um "produto" por ele operado. Juízes, promotores e defensores públicos entrevistados deram conta de uma "percepção" que é "unânime" entre eles: "a ausência de casos de tortura policial tramitando" no sistema que operam. "Essa ausência espelha a baixa frequência de denúncias, processos e condenações de policiais por tortura, relatada mesmo por entrevistados que estão há décadas atuando na área criminal" (Falcão, 2021, p. 114). O que não quer dizer que, fora dos autos, eles não saibam do que ocorre. De um promotor, a pesquisadora recolheu um depoimento que vale a pena ser transcrito:

> [A]bordou-se um suspeito [e] há informação que ele praticou um roubo, a informação importante para ele [policial] é, onde tá a arma do crime, onde tá o produto subtraído. [...] A partir do momento que ele consegue, com essa informação[28], chegar ao objeto material do crime, por exemplo [...], pouco importa o que

28. Ao leitor deixo o trabalho de imaginar os métodos que podem ter sido utilizados para o policial chegar a essa a informação...

> o sujeito disser depois no interrogatório porque a polícia chegou ao objeto que ele indicou. [...] O que ele falar depois [se] fragilizou porque ele foi encontrado com o objeto (*apud* Falcão, 2021, p. 12-13).

Haveria maneiras alternativas de se chegar a idênticos resultados? Certamente sim, mediante uma investigação em boa e devida forma e de acordo com o devido processo legal. Mas, nesses assuntos, há muito trabalho a fazer, o tempo é escasso e a lei do menor esforço continua em vigor. Ainda em Pernambuco, um juiz conta:

> [Es]tava conversando com um delegado [na] semana passada, ele falou: "Doutor, a gente tem uma meta de enviar 90 inquéritos, cada delegado, por mês. A gente vai investigar o quê?" (*apud* Falcão; Ratton, 2021, p. 13-14).

O General Massu, um *expert* no assunto, advertia que a prática da tortura é "um *métier* moralmente perigoso", e que "a tentação oferecida pelo exemplo de um método anormal" cria uma "psicose doentia" que leva "os agitados de todo tipo a cometer os mais diversos desmandos" (Massu, 1971, p. 166). É outra forma de enunciar o que diz a sabedoria popular, "o uso do cachimbo faz a boca torta". Quando o método "anormal" se torna *normal* – como aconteceu durante o regime militar e sua *tortura política*, e acontece desde sempre com a nossa conhecida *tortura policial* –, a "tentação" é grande de brincar com o diabo. E, uma vez aberta a Caixa de Pandora, é difícil controlar os monstros que lá estavam contidos.

Mas a tentação de brincar com o diabo não é um apanágio de nazistas, colonialistas e policiais perversos. Como vimos, a prática da *tortura política* para investigar fantásticos complôs urdidos por "contrarrevolucionários" foi, no século XX, uma inovação do primeiro país comunista do mundo. E eis que em abril de 1990, num momento em que a União Soviética já estava em processo de desagregação, a questão da legitimidade da tortura (no caso, a *boa* tortura) ainda rondava alguns personagens anacrônicos, aparentemente saídos das páginas do *Arquipélago Gulag* de Soljenítsin, reunidos num seminário para responder à seguinte questão: "Num contexto de insurreição popular, seria moralmente válido torturar um general que detém informações decisivas para a vitória do povo?" Por incrível que pareça, os personagens eram reais, e a situação, idem. O seminário, "Ética e política: um desafio do cotidiano", foi realizado não em São Petersburgo, mas em São... Paulo! Realizado no Instituto Cajamar, o seminário reuniu cerca de

40 intelectuais e militantes de esquerda para responder, entre outras, a essa candente pergunta (cf. Boff *et al.*, 1991).

Ao final das discussões, fez-se uma votação e o resultado foi o seguinte: 24 votos contra, 8 abstenções e 8 a favor. A maioria foi contra, mas, como se sabe, são as minorias que governam o mundo... As razões dos votos a favor são as que já se conhece. De um lado, o argumento teórico da impossibilidade de existirem "valores morais acima da história"; de outro, o conhecido princípio de que os fins justificam os meios: se não se tortura, "estará derrotada a insurreição popular e triunfará uma realidade que é responsável pela morte de milhares de pessoas no dia a dia da vida do povo". É verdade que uma ressalva de praxe também aparece: "Não aceitamos a tortura por princípio, só neste momento excepcional". Um dos que votaram a favor argumenta assim:

> Eu queria saber qual é a diferença real, que me perdoe o pessoal do Tortura Nunca Mais, entre alguém dar um tiro ou atacar uma pessoa com um punhal, na calada da noite, para roubar-lhe uma arma, o que foi feito por muitos revolucionários, e torturar o inimigo, numa situação-limite, como a descrita neste exemplo (*Revista de Cultura Vozes*, vol. 85, n. 3, 1991).

A resposta é dada por um torturado que votou contra, o então Deputado José Genoíno:

> A tortura [...] é mais extrema do que botar contra a parede e dar um tiro. Muitos de nós, quando torturados, até quisemos que nos dessem um tiro para acabar com o sofrimento. A tortura jamais poderá ser igualada à violência. A violência não é contra a humanidade, mas a tortura, é (*Revista de Cultura Vozes*, vol. 85, n. 3, 1991).

Como veremos em seguida, o torturador ele mesmo tem consciência disso, e costuma se esconder da humanidade.

2.3 A vergonha do torturador

> Escrevo este livro em respeito a mim
> mesmo, no momento em que sou
> caluniado, achincalhado, vilipendiado,

chamado de monstro e comparado com os assassinos nazistas que horrorizaram a humanidade.
Carlos Alberto Brilhante Ustra[29]

Pela memória do Coronel Carlos Alberto Brilhante Ustra, o pavor de Dilma Rousseff.
Jair Bolsonaro[30]

As duas frases em epígrafe merecem considerações sérias. A primeira que farei, entretanto, mesmo estando longe de ser mera brincadeira, não tem como escapar de certo tom jocoso. A questão é que, tendo o Coronel Brilhante Ustra jurado mais de uma vez e até sua morte que nunca foi um torturador, o Deputado Jair Bolsonaro, ao homenageá-lo justamente nessa qualidade – pois ninguém tem dúvidas sobre isso –, teria cometido um crime previsto no parágrafo segundo do artigo 138 do Código Penal, que diz ser "punível a calúnia contra os mortos", entendendo-se por calúnia, segundo o mesmo artigo, o ato de imputar "falsamente" a alguém "fato definido como crime" – e a prática da tortura é crime. Mas o crime de calúnia é um dos que permitem a chamada "exceção da verdade", ou seja, o acusado pode invocá-la para provar que o ato criminoso que ele imputa a alguém foi efetivamente cometido. E é aí que reside o aspecto jocoso da questão: se o deputado Bolsonaro tivesse sido processado pelo elogio que fez a um presumido torturador, sua defesa mais consistente seria provar que Ustra praticou a tortura!

O Coronel Ustra, à época major, comandou o DOI-Codi paulista entre 1970 e 1974, um dos períodos mais repressivos da ditadura militar. Mesmo antes da homenagem que lhe prestou o então Deputado Jair Bolsonaro, tinha se tornado o símbolo maior dos "excessos" do regime, após ser guindado à notoriedade em 1985, quando, numa cerimônia oficial, foi reconhecido pela atriz e então Deputada federal Bete Mendes como um dos seus torturadores. Ustra nunca aceitou a pecha. Para se defender, escreveu dois livros: *Rompendo o silêncio*, de 1987, e *A verdade sufocada*, de 2006.

29. Na abertura de livro (Ustra, 1987, p. 15), em que repudia a acusação de ter sido torturador durante o regime militar.

30. Ao votar favoravelmente à abertura do processo de *impeachment* contra a Presidente Dilma Rousseff, em 2017.

Em ambos, as torturas, assassinatos e desaparecimentos são classificados de "mitos, farsas e mentiras divulgadas para manipular a opinião pública". O autor chega a escrever no primeiro:

> É necessário explicar que não se consegue combater o terrorismo amparado nas leis normais, eficientes para um cidadão comum. Os terroristas não eram cidadãos comuns (Ustra, 1987, p. 157).

Mas como eram então tratados esses cidadãos incomuns? O relato de Ustra sobre o que acontecia durante o "interrogatório" é decepcionante: "Os presos, ao serem interrogados, iam 'entregando', isto é, iam contando tudo a respeito de suas organizações", escreveu (Ustra, 1987, p. 73). No segundo livro, também parece disposto a revelar a verdade, ao enunciar que "em nenhum lugar do mundo terrorismo se combate com flores". Mas ao relatar o que acontecia com os capturados, Ustra aferra-se a repetidas elipses que chegam a ser irritantes. Dou alguns exemplos: fulano e sicrano, "interrogados, entregaram o esquema" (Ustra, 2006, p. 173); outro, "interrogado, [...] 'abriu o jogo'" (2006, p. 230); beltrano, "interrogado, indicou o lugar" (p. 299) – e assim por diante. A crer no coronel, as "2.541 pessoas" que estiveram presas no DOI-Codi paulista entre 1970 e 1977 passaram pelo que alguns de seus agentes chamavam de "açougue" sem terem levado sequer um tapa (Godoy, 2014, p. 482, 19). A menos que tenha sido um tapinha nas costas...

Mas por que tais recusas obsessivas em admitir o que todo mundo sabe? Medo da justiça? Não pode ser. A Lei de Anistia primeiro, e o STF depois, protegeram os torturadores do regime militar de processos penais. A hipótese aqui sustentada é a de que, no mundo moderno, mesmo os torturadores têm consciência de que seus atos vão além do que uma certa sensibilidade aceita como os limites da violência aceitável, mesmo numa guerra. Afinal, em relação a outras formas de violência, a tortura é como que um *nec plus ultra* não comparável às demais, pois ela junta, num mesmo ato, o máximo da covardia – amarrar um corpo – e o máximo da crueldade – aplicar-lhe dores insuportáveis. Trata-se de uma questão importante que o caso do Coronel Ustra desvela: a tortura cobre de opróbrio aquele que a pratica. A bem refletir, é como se os torturadores não fossem simplesmente pessoas *sem vergonha*; mas, antes, pessoas *com vergonha*!

Com efeito, dois fenômenos curiosos caracterizam a prática da tortura mundo afora desde o seu reaparecimento no século XX. O primeiro é a sua negação pelas autoridades que dão o sinal verde aos seus torturadores, um comportamento praticamente generalizado no século que passou. O segundo é o fato de os próprios torturadores se sentirem acabrunhados pelo que fizeram. Exceções – que adiante destacarei – há, como sempre; mas, de um modo geral, a prática da tortura – seja na União Soviética de Stalin e na Alemanha de Hitler, mas também na Argélia nos anos de 1950 e na América Latina e suas ditaduras nos anos de 1970, bem como na "guerra ao terror" já neste século –, sempre foi tratada como um segredo de Estado. Mesmo os sistemas totalitários que desdenharam seja em nome de uma classe (o comunismo), seja em nome de uma raça (o nazismo), o sentimentalismo "pequeno-burguês" ou "humanista", mesmo esses sistemas não tiveram a ousadia de assumir tais práticas publicamente. Normalmente as instruções relativas a "contrarrevolucionários", judeus etc. eram dadas em circulares secretas e, mesmo aí, apareciam de forma dissimulada: "tratamento especial", por exemplo. Na França, o famoso "Relatório Wuillaume" era destinado a uma circulação confidencial. Nesse domínio, a dissimulação é de regra, como o eufemismo "pressão física moderada" aceita nos anos de 1990 pela Corte Suprema israelense como forma de combater o terrorismo no seu país (Justiça de Israel [...], 1996).

Uma das exceções ao princípio geral do não reconhecimento público da tortura vem justamente de um dos personagens mais importantes da Guerra da Argélia, o já citado General Massu. Em 1971, mais de dez anos depois dos acontecimentos, num livro de memórias que chamou de *A verdadeira Batalha de Argel*, Massu, assumindo por escrito não ter "medo da palavra", interroga-se: "À questão: 'houve de fato tortura?' eu só posso responder pela afirmativa, ainda que ela não tenha sido institucionalizada nem codificada". E explica:

> Tratava-se de obter uma informação operacional urgente, da qual dependia a vida de seres inocentes, deliberadamente sacrificados pelo FLN ao seu objetivo. [...] Então, na prática, se para obrigar a "entregar o serviço" era preciso "bater um pouquinho", os investigadores eram levados a aplicar nos acusados dores físicas cuja violência era graduada para se chegar à confissão (Massu, 1971, p. 165).

Com raras exceções, nunca se viu tal franqueza por parte dos militares brasileiros que conduziram a "guerra suja" entre nós. Quando, passada a ditadura, já não é possível censurar os fatos, e os responsáveis pela institucionalização da tortura têm de se haver com as cobranças das vítimas que sobreviveram e dos familiares dos mortos e desaparecidos, raras são as autoridades que vêm a público reconhecer que se torturou. Quando o fazem, lembram insistentemente que havia uma guerra em curso, e que violências foram praticadas dos dois lados. Alguns reconhecem que houve "excessos", mas consideram que foram casos isolados e atribuem sua responsabilidade aos baixos escalões que os praticaram.

Nos anos de 1990, um projeto do Centro de Pesquisa e Documentação de História Contemporânea do Brasil (CPDOC) da Fundação Getúlio Vargas entrevistou vários militares sobre o envolvimento das Forças Armadas na repressão política. Um volume publicado com o título *Os anos de chumbo*: a memória militar sobre a repressão contém o depoimento de 12 oficiais superiores que aceitaram falar sobre aqueles anos de chumbo. O padrão de discrição, quando não de simples negação da tortura, se mantém. De todos eles, apenas um, o General Adyr Fiúza de Castro, não apenas admite, como a defende até com certo entusiasmo:

> Guerra é guerra. Se uma neta minha for raptada e eu pegar um camarada que saiba onde ela está, ah! eu torturo mesmo, faço o diabo, porque estou envolvido. [...]. Agora, não sou um homem mau, não me considero um homem mau. Mas não sou contra a tortura. Acho que ela é válida em certas circunstâncias – para adquirir informações. [...] E todo mundo acha. Desde os esquimós até a China, todo mundo usa, quando necessário (*apud* D'Araújo; Soares; Castro, 1994, p. 73).

Dos demais, apenas dois outros baixam a guarda por algum momento. Um deles, o General José Luiz Coelho Netto, chega a roçar a verdade, quando admite que pode ter havido "uns encontrões ou uns cascudos", para se recompor logo em seguida: "Mas isso não é tortura. Tortura é outra coisa. Nunca houve tortura. Nunca houve". O outro é o General Leônidas Pires Gonçalves, que chegou a ser ministro do Exército no Governo José Sarney. Ele chega a admitir que ocorreram episódios de tortura, mas os atribui à iniciativa local e pessoal de um ou outro brutamontes: "Houve tortura? Houve. Mas quem pode controlar uma pessoa na ponta de linha que não teve uma educação moral perfeita, e de origens as mais variadas?" E é peremptório quanto à inocência dos altos escalões: "Agora, uma coisa eu tenho assegurado e asseguro historicamente: nunca foi política, nem ordem, nem norma torturar ninguém" (*apud* D'Araújo; Soares; Castro, 1994, p. 238, 249).

A fala do general não se sustenta. Em 1995, um documento "confidencial" do gabinete do Ministro do Exército datado dos "anos de chumbo", que estava no Dops do Paraná e foi parar no Arquivo Público daquele estado, foi divulgado pela grande imprensa (no *Jornal do Brasil* de 23 de abril de 1995, p. ex.). O documento, intitulado *Interrogatório*, ilustra claramente o que se disse mais acima a respeito de a tortura moderna ser *política*, e não *judicial*: "o objetivo de um interrogatório de subversivos não é fornecer dados para a Justiça Criminal processá-los; seu objetivo real é obter o máximo possível de informações" (*apud* Magalhães, 2004, p. 217). Da mesma forma, ilustra também a "indizibilidade" (Oliveira, 2009) da tortura, pois o seu redator, depois de reconhecer que "para conseguir isso será necessário, frequentemente, recorrer a métodos de interrogatório que, legalmente, constituem violência" (*apud* Magalhães, 2004, p. 217), exercita adiante o seguinte contorcionismo para negá-la: "Ainda que algumas das técnicas constituam violência perante a lei, nenhuma delas envolve torturas ou tratamento inadequado" (*apud* Magalhães, 2004, p. 220). Finalmente, ouvido no mesmo projeto do CPDOC, o ex-Presidente Geisel, entrevistado em 1993, reconhece, com a sua circunspecção habitual, que houve, sim, tortura, e até defende o seu uso:

> Eu acho que houve. Não todo o tempo. [...] Acho que a tortura em certos casos torna-se necessária, para obter confissões. [...] Não justifico a tortura, mas reconheço que há circunstâncias em que o indivíduo é impelido a praticar a tortura para obter determinadas confissões e, assim, evitar um mal maior! (*apud* D'Araújo; Castro, 1997, p. 224-225).

Geisel como que tenta resolver o insolúvel problema da quadratura do círculo. Como pode alguém reconhecer a necessidade de alguma coisa e afirmar ao mesmo tempo que não a justifica? Ainda aqui nos defrontamos com o mesmo embaraço tão comum nesses casos. O mesmo padrão se verifica no caso dos Estados Unidos e sua "guerra ao terror". Seis dias depois do ataque às "torres gêmeas", o Presidente Bush assinou um "memorando" autorizando a CIA a

> empreender operações visando capturar e deter indivíduos que representem uma ameaça grave e contínua de violência ou de morte para as pessoas e os interesses norte-americanos ou que preparem ações terroristas (Select Commitee on Intelligence *et al.*, 2015, p. 80).

Poucos meses depois, em fevereiro de 2002, o mesmo Bush assinou um decreto "declarando que os prisioneiros da Al Qaeda e os talibãs não eram considerados prisioneiros de guerra cobertos pela Convenção de Genebra". As diretivas presidenciais "não faziam referência [...] às técnicas de interrogatório" a serem empregadas (Select Commitee on Intelligence *et al.*, 2015, p. 88). Mas seria necessário? A Caixa de Pandora tinha sido aberta, e o resto viria por acréscimo. O General Leônidas Pires diria que ninguém "pode controlar uma pessoa na ponta de linha que não teve uma educação moral perfeita" (*apud* D'Araújo; Soares; Castro, 1994, p. 249), mas a verdade é que, depois de um sinal verde como o que foi dado pela mais alta autoridade do país, ninguém tem dúvidas de que os horrores de Abu Ghraib não foram simples iniciativas locais levadas a cabo por incompetentes energúmenos com vocação exibicionista.

O extenso relatório produzido pelo Senado norte-americano (Select Commitee on Intelligence *et al.*, 2015) é rico em informações significativas. As autoridades encarregadas de implementar o memorando presidencial estavam bem cônscias dos "riscos associados" a uma empreitada que implicava "o uso de técnicas de interrogatório brutais que violavam a lei americana, os tratados internacionais e os nossos próprios valores", como escreve a Senadora Dianne Feinstein, presidente da comissão senatorial de investigação (Select Commitee on Intelligence *et al.*, 2015, p. 82, 49). Uma "nota interna" da CIA previa que "a exposição midiática poderia inflamar a opinião pública [mundial] contra os Estados Unidos, o que ameaçaria a continuidade das operações" (Select Commitee on Intelligence *et al.*, 2015, p. 82). O "Programa de Interrogatório" incluía "técnicas" como

> a simulação de afogamento, a hipotermia, o isolamento prolongado, a privação sensorial, o arremesso [do preso] contra uma parede, a permanência em pé prolongada e a reidratação retal (Select Commitee on Intelligence *et al.*, 2015, p. 14) etc.

No curso de sua própria implementação, ao que tudo indica, o Programa foi incorporando novas "técnicas", como a de confinar o suspeito numa caixa exígua por dias seguidos, como aconteceu com Abu Zubaydah – acusado de ser um próximo de Bin Laden –, cujo martírio "indolor" tornou-se emblemático. Segundo o relatório da comissão senatorial, Zubaydah, em agosto de 2002, e durante 20 dias,

> passou um total de 266 horas (11 dias e 2 horas) na caixa grande (tamanho caixão de defunto) e 29 horas na caixa pequena, que media 53 centímetros de largura, 76 centímetros de comprimento e 76 centímetros de profundidade.

Num acréscimo de maldade, seus interrogadores disseram-lhe que ele "só sairia do local de detenção na caixa em forma de caixão de defunto" (Select Commitee on Intelligence *et al.*, 2015, p. 110).

Enquanto tais abominações eram praticadas no outro lado do mundo, na Casa Branca se instalaram verdadeiros jogos de "puxa-encolhe" e de "esconde-esconde" que, se não fossem trágicos, poderiam até ter algo de cômicos. Exagero? Não. O "puxa-encolhe", por exemplo. A conselheira de Segurança Nacional do Presidente Bush, Condoleezza Rice, perturbada pelas notícias que forçosamente lhe chegavam sobre o que estava se passando nas prisões controladas pelos norte-americanos, solicitou à CIA "reunir todos os dados empíricos disponíveis sobre as reações dos detidos e sobre a probabilidade de que eles fossem afetados por problemas psíquicos duráveis em consequência das simulações de afogamento e dos enterros" (o confinamento em caixas). Em resposta, a CIA informou que um "Abu Zubaydah escondia informações concernentes a ataques iminentes e a terroristas presentes no solo norte-americano". A conselheira aparentemente se acalmou, e "informou ao diretor-adjunto da CIA [...] que, depois de ter posto na balança a possibilidade de perda de vidas americanas, ela não se opunha às técnicas de interrogatório aprimoradas", mas o jogo – a essa altura de "empurra-empurra" – continua: desde que o "procurador-geral validasse sua legalidade" (Select Commitee on Intelligence *et al.*, 2015, p. 102, 106).

No que diz respeito ao jogo de "esconde-esconde", é curioso observar, como acontece em todos os regimes políticos, sejam ditaduras ou democracias, que nem todos os que compõem o governo estão sempre de acordo com o que se decide nos altos escalões, ainda que o discordante deles faça parte. Segundo o relatório senatorial, altas autoridades como o secretário de defesa dos Estados Unidos, o General Colin Powell, mesmo sabedor do "programa", foi mantido na ignorância dos seus detalhes mais sórdidos. Em 2003, ao final de uma reunião restrita do Conselho Nacional da Segurança, seus organizadores concluíram que não seria "nem necessário nem desejável que seus membros se reunissem na íntegra para examinar e reafirmar o Programa". A razão oficial era "evitar vazamentos na imprensa", mas uma mensagem por e-mail da CIA, numa linguagem bem à vontade, dava as verdadeiras razões:

> Depois de algumas reuniões preparatórias que tivemos com o assessor jurídico, é claro que a [Casa Branca] teme que [o secretário de Estado] Powell fique furioso se for informado do que se passa (*apud* Select Commitee on Intelligence *et al.*, 2015, p. 179).

E o Presidente Bush nisso tudo? Segundo o relatório senatorial, seja isso credível ou não, ele, depois de dar o "sinal verde" aos piores excessos com os documentos presidenciais que assinou, também foi mantido relativamente à parte do que se passava nas prisões do outro lado do mundo. A crer no relatório, "os arquivos da CIA mostram que o primeiro *briefing* [feito ao presidente] a propósito das técnicas de interrogatório aprimoradas ocorreu em 8 de abril de 2006". Quer dizer: mais de quatro anos depois dos documentos por ele assinados! E, num mesmo registro, informa que durante esse *briefing*, "o presidente exprimiu seu desconforto face à 'imagem de um detento acorrentado no teto, portando fraldas, e obrigado a fazer suas necessidades sobre si mesmo'" (Select Commitee on Intelligence *et al.*, 2015, p. 108). Seja como for, o fato é que já em 2003, quando o "Programa" funcionava a todo vapor, Bush fez uma declaração nas Nações Unidas em que afirmava que "os Estados Unidos estão engajados na eliminação da tortura em todo lugar do mundo". Em seguida a isso, altas autoridades da CIA começaram a pôr suas barbas de molho e um dos seus dirigentes mandou uma mensagem aos seus colegas exprimindo o desejo de que "seria melhor para nós pedir uma reafirmação escrita de um alto responsável da Casa Branca de que as práticas atuais da CIA estão autorizadas a continuar" (*apud* Select Commitee on Intelligence *et al.*, 2015, p. 237). Essa mensagem escrita, claro, nunca veio. O que veio, anos depois, foi a investigação do Senado, onde tinha assento o Senador John McCain – ele mesmo um torturado pelos vietcongues durante a Guerra do Vietnã, e que portanto entendia do assunto – que disse o óbvio ao pessoal da CIA que tinha ido fazer *lobby* a favor da sua ação na "guerra ao terror": "a privação de sono, da mesma maneira que a simulação de afogamento, são torturas" (*apud* Select Commitee on Intelligence *et al.*, 2015, p. 456). Ponto.

Com o que retomo o tema da condenação moral que termina se abatendo sobre os torturadores. Este é um fato sociológico a não ser negligenciado e que merece ser longamente meditado: no mundo moderno de um modo geral, e no Brasil e na América Latina de um modo especial, ocorreu esse fenômeno no mínimo curioso que foi, ao fim da "guerra suja", a "vitória simbólica dos vencidos" (Oliveira, 2011). Que em alguns casos do chamado "cone sul" não foi apenas simbólica. No Chile, o General Pinochet teve sua plácida velhice octogenária envenenada pela possibilidade – remota, é verdade – de um dia ser preso; em todo caso, morreu cercado de processos judiciais e enfrentando uma condenação moral que, no seu caso, atingiu dimensões planetárias. Na Argentina, grandes dignitários de uma das ditaduras mais sanguinárias de que se tem notícia foram alcançados pela justiça –

inclusive o maior deles, o General Videla, que passou cerca de dez anos cumprindo prisão domiciliar e, posteriormente, foi transferido para um cárcere militar (Rebossio, 2008), onde morreu em 2013. Por aqui, é verdade, não se viu nada parecido. Várias circunstâncias sobre as quais não vem ao caso discutir não possibilitaram um processo criminal dos torturadores e mandantes.

Nem por isso, entretanto, pode-se afirmar que eles permaneceram completamente impunes. Além das penas morais que sobre eles recaíram, houve uma espécie de justiça no processo lento e claudicante, mas que, com idas e vindas, terminou se impondo: o do isolamento paulatino dos oficiais diretamente envolvidos na repressão política, afastando-os de postos de confiança e discretamente preterindo-os em promoções por merecimento. De tal forma que, em 1995, quando o Presidente Fernando Henrique Cardoso assinou o projeto de lei reconhecendo e assumindo, em nome do Estado brasileiro, "a responsabilidade das transgressões cometidas à lei e aos direitos humanos" (Cardoso, 1995, p. 258) durante o regime militar, a "linha-dura" das três forças militares estava na reserva ou sem chances de atingir postos superiores como o de general – o que tornou pífio e sem maiores repercussões o protesto de algumas vozes que nos quartéis se ergueram contra o projeto. A avaliação dos militares é a de que, vencedores no plano das armas, "foram derrotados na luta pela memória histórica do período". É até compreensível o seu desapontamento. Afinal, para eles teria ocorrido "uma situação peculiar em que o vencido tornou-se o 'dono' da história" (D'Araújo; Soares; Castro, 1994, p. 13).

Heróis daqueles tempos turvos, muitos procuraram se refugiar no anonimato. O Coronel Brilhante Ustra, cujo caso foi analisado no início deste capítulo, "não gosta[va] que o seu nome apare[cesse] em lugar algum – nem na lista telefônica" (Oltramari, 1998, p. 52). Já o médico psiquiatra Amílcar Lobo viveu até o fim dos seus dias perseguido por seu passado. Recém-formado, apresentou-se no início de 1970 às Forças Armadas para fazer o seu serviço militar sem saber que no futuro seria chamado para verificar o estado de saúde de prisioneiros submetidos à tortura. Mais de dez anos depois, instalado no próprio consultório, seria denunciado por uma ex-prisioneira política, Inês Etienne Romeu, que sobreviveu às sevícias. Seu caso arrastou-se por anos na imprensa e no Conselho Regional de Medicina do Rio de Janeiro, que terminou cassando sua licença de médico. Em um doloroso depoimento que publicou, escreveu: "Hoje, afastado da profissão, dos amigos e do convívio familiar, sinto-me aterrado num sepulcro" (Lobo, 1989, p. 14). Na Argentina, o ex-Capitão de corveta Adolfo Scilingo, que participou dos sinistros *vuelos* em que prisioneiros políticos entorpecidos, mas vivos, eram jogados de helicóptero em alto-mar, desabafa: "Eu me sentirei mal toda minha vida" (*apud* Verbitsky, 1995, p. 178).

Esses casos contrariam um antigo postulado, o de que a história é sempre contada pelos vencedores. A "guerra suja" que se deu no Brasil e na América Latina nos anos de 1960 e 1970 mostrou que os vencidos podem ter a última palavra – no caso, quando os vencedores ganham a guerra valendo-se de métodos que cobrem de vergonha aqueles que os empregam, perdendo com isso os louros da glória e a legitimidade para narrar seus feitos. Na Argentina, um antigo vice-ministro da Educação, Emilio Fermín Mignone, cuja filha, presa, conheceu os porões da Escola de Mecânica da Marinha, faz uma reflexão lúcida e – para um pai que viu a filha suportar os horrores que suportou – incrivelmente serena sobre as consequências de um regime que tortura e mata seus opositores:

> As autoridades militares praticam a "guerra suja" sem se dar conta de que, além de imoral, ela é suicida. Como podem eles não ter consciência de que daqui a dois anos, quer eles tenham matado os 20 ou 30 mil sujeitos já presos ou que esperam prender, quer os tenham libertado depois de meses de sequestro e acorrentamento, de encapuçamento e de torturas, a literatura sobre a questão vai inundar o país e retornar como um bumerangue incontrolável sobre as Forças Armadas elas próprias? (*apud* Verbitsky, 1995, p. 98).

Há guerras justas, mas não há guerras limpas – já se disse. Todas as guerras são sujas. Mas parece haver limites para a sujeira. E não estou me referindo a imperativos kantianos que, como tais, permanecem apenas no plano do dever-ser. Estou me referindo à realidade empírica do opróbrio – um dado sociológico – que se abate sobre os torturadores. As recusas obsessivas em admitir o que todo mundo sabe, as contorções de linguagem feitas por quem autorizou o emprego da tortura, seriam, assim, algo bem além da mera homenagem que o vício presta à virtude. Os homens convivem com a tortura provavelmente há milhares de anos. Ao lado disso, faz menos de 300 anos que, para a consciência civilizada da humanidade, ela ofende a dignidade humana e que, portanto, é impossível encará-la sem repugnância. Expulsa do convívio de uma boa parte das sociedades humanas durante um tempo, a tortura terminou voltando no contexto de fenômenos como o totalitarismo e as guerras modernas, em que o terrorismo é um dos ingredientes mais preocupantes.

Mas, mesmo nesses casos, quase nunca os seus defensores sentem-se à vontade quando se trata de justificar um método que o General Massu classificou de "moralmente perigoso". Se, há mais de 300 anos, um ministro da corte de Luís XIV já era capaz de perceber como uma "indecência" a descrição da tortura numa Ordenação, vê-se o quanto chega a ser inimaginável, em pleno século XXI, a regulamentação, em lei, da "mangueira d'água e da eletricidade", como queria Roger Wuillaume, ou do mandado judicial para torturar, como queria Alan Dershowitz. Ausência de regulamentação, contudo, não significa ausência de uso. O que a história tem ensinado é que, em guerras desse tipo, sempre se encontrará quem se disponha a sujar as mãos. A mesma história que, de outro lado, tem também ensinado que quem se dispõe a aplicar dores atrozes num corpo imobilizado deve saber que corre o risco de trazer as mãos manchadas pelo resto dos seus dias.

3

A PRISÃO

3.1 Invenção

> Se nos limitarmos à evolução das regras de direito ou dos processos penais, corremos o risco de valorizar como fato maciço, exterior, inerte e primeiro, uma mudança na sensibilidade coletiva, um progresso do humanismo [...], corremos o risco de colocar como princípio da suavização punitiva processos [...] que são antes efeitos das novas táticas de poder.
> Michel Foucault

> A posição de Foucault contém muita verdade, mas, frente a ela, não devemos perder de vista outra verdade, a de que colocar um ladrão na cadeia é mais humano do que queimá-lo, enforcá-lo, mutilá-lo ou esquartejá-lo.
> Thomas Haskell

Em *A utopia*, publicado em 1516, Thomas Morus narra uma conversa que teve com um certo Hitlodeu, marujo de origem portuguesa que teria participado das viagens de Américo Vespúcio. No curso da conversa, o marujo narra um diálogo que teve na casa do Cardeal John Morton, velho amigo de Morus, com um "douto legista" inglês. "Este homem – conta

Hitlodeu –, se pôs a cumular de louvores a rigorosa justiça exercida contra os ladrões. Narrava gostosamente como eles eram enforcados, aqui e ali, às vintenas, na mesma forca" (More, 1972, p. 172)[31].

Mostrando-se indignado com o que ouviu, Hitlodeu – na verdade um alterego de Morus – argumenta que, em tais casos, "a morte é uma pena injusta e inútil". De um lado, ela é "cruel para punir o roubo"; de outro, é "fraca para impedi-lo", pois "o mais horrível suplício não impedirá de roubar o que não dispõe de outro meio para não morrer de fome". O Cardeal Morton pede então a Hitlodeu "o obséquio de explicar" que pena substituiria a forca como forma de garantir a segurança pública. Hitlodeu, que correu os quatro cantos do mundo, põe-se a expor qual seria "*o melhor sistema penitenciário*" (itálicos no original), dizendo que não conhece "nada de comparável" ao que viu numa das nações persas:

> Quando ali um indivíduo é apanhado em furto [...], ele é condenado aos trabalhos públicos [...]. De tarde se faz a chamada nominal dos condenados, encerrando-os nas celas onde passam a noite. [...] Eis aí as penalidades correspondentes ao roubo. [...] Não é difícil divisar nelas uma grande humanidade aliada a um grande senso utilitário. [...] Trata o condenado com tanta benignidade e justiça que o força a se tornar honesto e a reparar, durante o resto da sua vida, todo o mal que fez à sociedade (More, 1972, p. 184-185).

Mas a reparação do mal praticado pelo ladrão "durante o resto da sua vida" é suavizada pela perspectiva de um sistema progressivo da pena, como diríamos hoje:

> Por outro lado, todos alimentam a esperança de recobrar, um dia, a liberdade, mostrando-se submissos e resignados, dando, por seu bom comportamento, garantias para o futuro; aliás, não há sequer um ano sem que grande número deles, transformados em boas pessoas, seja reabilitado e emancipado (More, 1972, p. 186).

Em suma, a prisão com trabalhos forçados chega a ser teorizada, em *A utopia*, como uma pena adequada para ladrões! Pode-se, dessa forma, *retrospectivamente*, considerar Morus como o primeiro teórico da distopia que veio a ser a prisão. Mas, ainda assim, gostaria de observar que no país e na

31. More era o nome real do autor. A forma latina *Morus* foi a que usou no livro, escrito em latim. Na tradução brasileira de *A utopia*, aqui utilizada, More é a forma adotada.

época em que Morus viveu – a Inglaterra na passagem do século XV para o XVI –, o destino final dos ladrões costumava ser o patíbulo, onde, às vezes por serem numerosos, eram enforcados em fileira[32]. Pode-se, assim, *prospectivamente*, considerar que a pena de trabalhos forçados para ladrões na "utopia" de Morus sinalizava uma posição que um termo cunhado bem posteriormente qualificaria – sem ironia – de progressista.

Mas, voltando à conversa na casa do Cardeal Morton, tem mais. Entrando no debate, o cardeal lembra que também "seria muito útil tomar medidas igualmente moderadas e sábias para reprimir e acabar com a vagabundagem". Nesse momento, um terceiro presente na casa do cardeal, aparentemente um enxerido que Hitlodeu qualifica de "bufão", intervém: "possuo a este respeito um plano soberbo". E explica: "para falar francamente, grande é o meu desejo de poupar-me ao espetáculo desses miseráveis e enclausurá-los longe de todos os olhos" (More, 1972, p. 187). Mas eis que o "bufão" foi um bom profeta em sua terra, pois sua fala prefigura um fenômeno que se espalhou pela Europa entre os séculos XVI e XVIII, aquilo que Foucault (1987, p. 45) chamou de "Grande Internação", a saber: instituições fechadas para onde eram tangidos toda uma legião de mendigos, desocupados, alcoólatras, prostitutas, loucos etc. E o processo começou justamente na Inglaterra. Em 1556, o Castelo de Bridewell foi transformado, inicialmente, em local para internação de crianças sem abrigo e mulheres desordeiras. Em seguida, instituições similares, conhecidas como "casas de correção", se multiplicaram pelo país. Instituições parecidas foram erigidas em vários lugares da Europa, a exemplo da famosa *Rasphuis* de Amsterdã, inaugurada em 1596, abrigando uma população bastante semelhante à encontrada na Inglaterra; e, no século seguinte, os "hospitais gerais" na França, com propósitos semelhantes: livrar as cidades da massa de despossuídos tornados indesejáveis e discipliná-los pelo trabalho.

Mas o projeto punir e regenerar via encarceramento compreendia outros exemplos, o mais conhecido deles sendo o da Igreja Católica, cuja jurisdição abrigava o confinamento como *pena* – no sentido de uma penitência feita de meditação e oração entre quatro paredes, a fim de provocar o arrependimen-

32. A legislação penal inglesa até boa parte do século XIX era tão severa que passou a ser conhecida como "código sangrento". Um simples furto de frutas e legumes na feira era capaz de levar ao patíbulo. Segundo Ignatieff (1978, p. 16), "o número de crimes passíveis da pena de morte cresceu de cerca de 50 em 1688 para cerca de 160 por volta de 1765, e atingiu algo como 225 (ninguém sabe ao certo o número) lá pelo fim das guerras napoleônicas".

to e a redenção do pecador. Paralelamente a todo esse aparato, no caso da França há também o exemplo bem conhecido do encarceramento mediante as famosas *Lettres de cachet*, ordens emanadas da autoridade administrativa – em alguns casos do próprio rei e seus ministros – mandando encarcerar libertinos, desordeiros, loucos etc., a pedido de desafetos, vizinhos, parentes etc. Em Paris, um dos locais de encarceramento era uma velha fortaleza – a Bastilha – cujo nome iria entrar para a história porque em 14 de julho de 1789 uma multidão de insurretos a invadiu e depois a destruiu, não para libertar os presos que lá estavam, mas por acreditar que lá havia estoques de pólvora necessários à insurreição. Independentemente desse mal-entendido, porém, o fato é que a Bastilha, no imaginário moderno, passou à história como um "monstruoso anacronismo urbano, político e humano", e sua "tomada", como "o advento da liberdade" (Furet, 1988, p. 84).

A Revolução Francesa foi um acontecimento político e social cuja importância para os tempos modernos é crucial. Mas foi também um acontecimento *jurídico-penal* da maior importância. A Declaração dos Direitos do Homem e do Cidadão, proclamada pouco mais de um mês depois da "tomada da Bastilha", estabeleceu alguns princípios que tornaram as internações que ali se davam inadmissíveis. Não porque fosse injusto para lá enviar os "indesejáveis" que povoavam seus pátios e celas, mas porque essas internações eram de um modo geral medidas administrativas, não decorrentes de decisões propriamente judiciais, mas do arbítrio da autoridade que expediu a ordem de internação, que podia ser mais longa ou mais breve[33]. "Nenhum homem pode ser indiciado, preso ou detido exceto em casos determinados pela lei e segundo as formas que a lei prescreve" – diz o artigo sétimo da Declaração. E ela mesma, no seu artigo 16, estabelece o princípio da "separação dos poderes", chegando a anunciar que "a sociedade" que não o garante "não possui Constituição". Trata-se de uma mudança e tanto: aquilo que no passado ficava ao arbítrio das autoridades policiais, doravante passa a ser da alçada do poder judiciário, a quem agora também incumbe a responsabilidade de realizar a finalidade das internações: melhorar os homens.

Na França do *Ancien Régime*, onde vigia a Ordenação Criminal de 1670, essa preocupação não existia, e os castigos físicos eram de regra, distribuindo-se num gradiente que ia das "diferentes modalidades da pena de morte" (o enforcamento, a decapitação, o suplício da "roda" etc.) às "penas corporais aflitivas" (as galés, o açoite, a amputação do pu-

33. Voltaire, por exemplo, foi "embastilhado" por 11 meses; já um Sade, por cinco anos!

nho, a língua furada, o *carcan*[34]), havendo ainda penas menos drásticas como as "simplesmente aflitivas" (banimento, reclusão numa *maison de force* para as mulheres etc.)[35] e as "penas infamantes" como a "condenação da memória" (Garnot, 2009, p. 471). Como lembra Duprat, "o aprisionamento não procedia de sentenças de justiça, mas de decisões administrativas, medidas de polícia, 'ordens do rei' ou *lettres de cachet*". As prisões, então

> não eram senão [...] lugares de passagem e de custódia para os detidos por dívidas e matérias civis, os indiciados e acusados antes do julgamento, os condenados antes da execução da sentença (Duprat, 1980, p. 66).

Com a Revolução de 1789 e o Código Penal por ela promulgado em 1791, ocorrem mudanças notáveis. Abolem-se os suplícios públicos e fala-se, a propósito dos novos castigos, em "penas suaves" (como vimos no capítulo 1), das quais o melhor exemplo é o que ocorre como a pena de morte e a guilhotina como o instrumento indolor de sua aplicação. Antes disso, a "*décollation*", designação técnica para a decapitação – supostamente também indolor –, era reservada aos nobres (Garnot, 2009, p. 478). Nesse sentido, a Revolução, no seu afã de igualdade, enobreceu todo mundo. De resto, os legisladores promoveram uma "forte redução das penas de eliminação". Previstas para 115 tipos penais no antigo direito, "os casos de pena de morte se viram limitados a 32" (Duprat, 1980, p. 67). De acordo com as ideias do Iluminismo, os homens se tornariam melhores não pela crueldade dos castigos, mas pela difusão das "Luzes" – o que, claro, incluía a disciplina pelo trabalho regenerador. Segundo o autor do relatório endereçado à Assembleia Nacional dos revolucionários que votaram o Código Penal, "as penas devem ser humanas", e "devem também permitir a reinserção" social. Logo, devem "ser temporárias e acompanhadas de um trabalho útil e 'consolador', preparando a libertação do condenado pela atenuação do rigor no final" (*apud* Garnot, 2009, p. 451). Qualquer

34. O *carcan* consistia num colar de ferro em torno do pescoço do condenado munido de uma corrente que o prendia a um muro ou a um poste localizado num local público de grande afluência, onde ficava exposto à execração dos transeuntes.

35. Literalmente "casa de força", eram, como as *bridewells* e *rasphuis*, locais de trabalhos forçados em regime de internação. Eram penas substitutivas das galés para as mulheres – mas também, em alguns casos, para homens idosos –, incapazes de suportar a dureza do trabalho nos arsenais da marinha, onde a pena às galés era cumprida.

semelhança dessa proposta com aquilo que preconizava Hitlodeu quase três séculos antes não parece ser mera coincidência.

E é assim que o encarceramento "se torna o eixo da repressão penal" na pátria dos Direitos do Homem (Garnot, 2009, p. 504). A Revolução pôs em marcha um fenômeno curioso que poderia ser enquadrado no capítulo das contradições humanas: de um lado, desaparecem os "hospitais gerais", as "prisões de Estado" (das quais a Bastilha era o maior exemplo) etc., mas, ao mesmo tempo, "sua nova legislação penal estabelecia a internação penal" como a pena por excelência (Duprat, 1980, p. 67). As próprias designações das principais penas deixam isso claro: os "ferros"[36], a "reclusão na casa de força", a "*gêne*"[37] e a "detenção"[38].

O Código de 1791 não durou muito tempo, mas seus princípios terão vida longa, notadamente "o objetivo reeducador das sanções" (Lascoumes, 1989, p 32). Tanto mais que o encarceramento acompanhado de trabalho obrigatório, como vetor dessa reeducação, não foi uma inovação do que então era conhecido como "ideias francesas", mas um projeto que já estava presente na "Grande Internação" e que era na época partilhado por reformadores penais de vários países, em especial a Inglaterra, que já o havia adotado há mais de uma década, por intermédio do *Penitenciary Act* de 1779. Pátria-mãe das *bridewells*, a Inglaterra também tinha toda uma gama de punições aplicadas pelo sistema de justiça penal propriamente dito, que incluía punições corporais, deportações, em alguns casos a prisão, e a pena de morte por enforcamento, tradicionalmente ali aplicada com uma notável prodigalidade. Foi lá que "começou a tomar forma, depois de dois séculos de experiência acumulada com *workhouses* [e] *houses of correction*", o sistema

36. Os "ferros" se referiam a trabalhos "penosos" executados seja numa "casa de força", nos portos e arsenais da marinha, nas minas etc., com a particularidade de que os condenados "arrastarão por um dos pés um *boulet* [espécie de peso em forma de bala de canhão] atado a uma corrente de ferro" (Duprat, 1980, p. 67).

37. A "*gêne*" – que no francês corrente significa simplesmente "desconforto", e por isso é de difícil tradução enquanto pena –, queria dizer o encarceramento solitário em "local claro, sem ferros nem amarras", mas sem qualquer comunicação com os outros presos ou pessoas de fora, o condenado sendo mantido num regime de pão e água, além do que pudesse adquirir com "o produto do seu trabalho" a ser executado igualmente em regime de isolamento (cf. Duprat, 1980, p. 67).

38. A "detenção" também implicava o trabalho obrigatório, ainda que de maneira menos drástica: o condenado poderia escolher entre "os trabalhos que serão autorizados pelos administradores da dita casa [de detenção]", e poderiam "trabalhar juntos ou separadamente" (Duprat, 1980, p. 67).

penal que Ignatieff vai chamar de "penitenciário" (Ignatieff, 1978, p. 11, 44)[39], uma junção da internação eclesiástica – centrada na penitência – com a internação para fins de disciplinamento – centrada no trabalho obrigatório. Seu principal formulador foi John Howard, um dos idealizadores do *Act* de 1779.

Nascido em 1726, Howard é uma figura fora do comum. Foi um daqueles virtuosos *quakers*[40] capazes de militar contra a guerra, a pena de morte, os açoites, a escravidão, as rinhas de galo etc., e, ao mesmo tempo, propor o confinamento solitário com trabalho obrigatório como pena para corrigir delinquentes. Ascetismo e filantropia constituíam o *ethos* do mundo em que Howard vivia, e ele, depois de uma profunda crise espiritual quando lhe faleceu a esposa, decidiu dedicar a vida à regeneração daqueles colocados no mais baixo escalão dos pecadores: os criminosos. Tudo começou quando, nomeado *sheriff* em 1773, levou suas obrigações a sério e fez o que seus pares não faziam: foi inspecionar pessoalmente as condições dos locais de detenção sob sua responsabilidade e ficou impactado pelas condições desumanas em que viviam os encarcerados na Inglaterra em meados do século XVIII. Chamou-lhe particularmente atenção a situação de presos que, mesmo absolvidos, continuavam internados porque não tinham condições de pagar ao carcereiro (à época um ofício "privatizado") as despesas de sua detenção provisória naquelas enxovias.

Visitou, uma por uma, as cadeias e casas de internação da Inglaterra, de Gales e da Escócia, e depois estendeu suas visitas a vários países europeus. As *Rasphuis* holandesas, velhas de aproximadamente duzentos anos quando Howard as visitou, mostraram-lhe o que as *houses of correction* tinham intentado ser. "Essas prisões eram 'tão sossegadas e... tão limpas", ele anotou, "que um visitante dificilmente acredita que está numa cadeia'". Na entrada da *Rasphuis* de Amsterdã, ele viu, gravado na pedra do pórtico, o sóbrio lema atribuído a Sêneca: "Minha mão é severa, mas minha intenção é benevolente" – um lema que não podia ser mais caro ao coração de um *quaker*. Já a ideia de confinamento solitário dos presos parece ser derivada da

39. Alexis de Tocqueville e Gustave de Beaumont, no relatório da famosa viagem que fizeram aos Estados Unidos em 1831 para estudar os sistemas penais então em moda, usaram a expressão "prisão penitenciária" (Tocqueville, 1984, p. 134), indício de que, até então, não havia sinonímia entre os dois termos.

40. Uma boa ilustração daqueles homens virtuosos vestidos de preto e portando chapéus de abas largas, de bochechas rosadas e sorriso amoroso, pode ser vista ainda hoje nas embalagens da *Aveia Quaker*.

prisão construída em 1703 por Clemente VII para a reforma de jovens no Vaticano. A prisão, chamada de *Silentium*, aplicava a experiência católica da disciplina monástica, e quando Howard a visitou, em 1775, mantinha ainda a rotina de confinamento solitário e silêncio penitente (Ignatieff, 1978, p. 53). Como resultado dessas andanças, publicou em 1777 um livro que se tornou uma referência para os reformadores penais da época: *O estado das prisões na Inglaterra e em Gales*.

Cada prisão que visitou foi inventariada em todos os seus detalhes, da dimensão física do edifício à dieta dos presos; do número de internos ao peso das correntes que carregavam. E continha propostas de melhorias em relação às horríveis condições de higiene, responsáveis por muitas mortes. A maior parte do programa estabelecido no *Penitenciary Act* de 1779 tinha origem nas ideias ali expostas. A "benevolência" das "intenções" aparece na abolição do uso de correntes, no estabelecimento de uma dieta regular[41], nas medidas de proteção contra as doenças etc.; mas a "severidade" da "mão" também se faz presente na "hora certa para acordar, para ler um capítulo da Bíblia, para rezar, para comer, para trabalhar", tudo isso em regime de "confinamento celular e inspeção constante", a fim de "prevenir o bacilo do vício de se espalhar do [criminoso] empedernido ao iniciante" (Ignatieff, 1978, p. 53, 62)[42]. Mas nem a publicação do seu livro em 1777, nem a recepção de suas ideias no *Act* de 1779, deram sossego a um sujeito vocacionado como Howard. No pouco mais de uma década que lhe restou de vida, não parou sua peregrinação pelos cárceres europeus no afã de conhecê-los e reformá-los. Sua jornada final levou-o aos rincões da Crimeia, mais exatamente à prisão de Kherson, onde contraiu tifo durante uma visita e morreu em 1790, com a idade de 63 anos.

Suas ideias, levadas pela rede de *quakers*, aportaram na Filadélfia, dando origem ao sistema que ficou conhecido por esse nome, caracterizado pelo confinamento celular de cada preso, cuja cela seria também uma pequena oficina de trabalho. Ao lado do "regime de Filadélfia", havia, menos drástico, o chamado "regime de Auburn", em Nova York, onde o confinamento celular impunha-se apenas à noite, já que durante o dia os presos

---

41. A propósito de dieta observo que Howard, num acréscimo às suas virtudes ascéticas, era um vegetariano.

42. Ignatieff (1978, p. 102) considera importante notar que Howard era pessoalmente "muito mais cauteloso em relação ao uso da solitária do que seus admiradores"; ele achava que a solidão deveria ser quebrada por períodos de "trabalho associado e exercícios comuns", sem o que os internos poderiam ser levados à "insensibilidade ou ao desespero".

trabalhariam em oficinas coletivas, mas em regime de silêncio absoluto, a fim de não poderem comunicar entre si. Os dois sistemas foram estudados por Alexis de Tocqueville e Gustave de Beaumont, ambos magistrados, na viagem que fizeram aos Estados Unidos em 1831 para pesquisar as novas ideias penitenciárias – na verdade não tão novas assim – que ali se praticavam. No relatório contendo sugestões sobre o melhor sistema a ser adotado no seu país, os autores optaram pelo modelo de Auburn, pelo menor custo que representava (Perrot, 1984, p. 24). E foi assim que, nascida quase concomitantemente na Holanda e na Inglaterra, trasladada depois para os Estados Unidos e, de volta, para a França, o projeto de uma *prisão penitenciária* tendo a regeneração dos criminosos mediante trabalho obrigatório como sua principal finalidade tornou-se a pedra de toque dos modernos sistemas penais. Mas, como costuma acontecer com as utopias – e também com as distopias –, a ideia não deu certo.

3.2 Fracasso

A prisão penitenciária de Howard terminou se defrontando com as dificuldades do mundo real e soçobrando. As dificuldades orçamentárias que seu projeto implicava não eram de pouca monta. O confinamento celular de cada preso, cuja cela seria também uma pequena oficina de trabalho, representava custos elevados, além de ser, pelo seu caráter artesanal, antieconômico, num momento em que o trabalho coletivo passava a dominar o novo sistema fabril. O confinamento celular apenas noturno, em celas menores, saía mais em conta, mas também exigia recursos consideráveis. Além disso, havia sempre o problema da organização do trabalho fabril num ambiente habitado por uma mão de obra móvel não preparada para essa atividade e que, ademais, sempre teve de enfrentar a hostilidade do movimento operário pela concorrência desleal que o trabalho forçado nas prisões constituía em relação ao trabalho livre (Duprat, 1980, p. 102-103).

Ao lado disso, o século XIX deu continuidade ao processo de criminalização das "classes laboriosas", confundidas cada vez mais com as "classes perigosas", umas e outras se achando "na fronteira incerta e constantemente revista da miséria e do crime" (Chevalier, 2007, p. 94). Resultado: o número de "criminosos" aumentou significativamente e, em consequência, o de condenados à prisão penitenciária. Em um tal contexto, a prisão dos sonhos de Howard não teria como não emperrar. Em 1818, a Sociedade para a Disciplina nas Prisões, na Inglaterra, "estimava que uma centena de instituições, construídas para abrigar 8.545 prisioneiros, eram de fato obrigadas a acomodar 13.057". A superlotação sabotou o confinamento solitário nas penitenciárias inglesas construídas sob a égide do *Act* de 1779: "na prisão de New Bayley em Manchester, 752 prisioneiros eram abarrotados dentro de 150 celas" (Ignatieff, 1978, p. 155-156). Na França, a historiadora Michelle Perrot, num texto sobre as prisões francesas do século XIX com o título significativo de *A impossível prisão*, define a "prisão real" como o "inverso imóvel de um *décor* imaginário". Supostamente submetidas aos princípios de higiene e laborterapia adotados pelos legisladores de 1791, as prisões, "chocando-se perpetuamente com a inércia dos comportamentos e os problemas financeiros", eram, na verdade, "o mundo do acorrentamento, do amontoamento, da indiferença" (Perrot, 1980, p. 61). O resultado de tudo isso sempre foi, em todos os lugares em que a prisão se tornou a "rainha das penas", aquilo que todos sabemos: promiscuidade, insalubridade, superlotação; numa palavra, sofrimento.

Em resumo, há mais de 200 anos já se constatava que a prisão *penitenciária* era um fracasso. Se enfatizo o adjetivo, é para sublinhar que esse fracasso se refere a uma das funções assinaladas à prisão: a de tornar criminosos homens virtuosos mediante disciplina, oração e trabalho. Mas há outras: a função preventiva e a retributiva. Em relação à primeira, é também um lugar-comum que ela fracassou: a prisão não dissuadiria o crime. Já em relação à segunda, a retributiva (retribuir o mal com o mal), ela soa um tanto medievalesca e, portanto, costuma permanecer na sombra, geralmente evitada nos discursos oficiais. E, assim, tem-se como um desses *topoi* partilhados por certo senso comum que a prisão é, globalmente falando, um rotundo fracasso. Como adiante argumentarei, as coisas não são tão simples assim. Mas, por ora, fiquemos com a versão do seu *fracasso* e tiremos uma conclusão óbvia: nesse caso, ela já deveria ter sido substituída por outra coisa, não? Mas não. A prisão continua – malgrado os movimentos de desencarceramento hoje em dia existentes, sobre os quais adiante falarei – a pena por excelência no mundo moderno. Por quê?

A resposta mais conhecida é dada por Michel Foucault em *Vigiar e punir*, como já vimos: a substituição das penas corporais pela prisão não teria sido nada mais do que uma mudança no objeto da punição – sai o corpo, entra a alma. O que houve foi simplesmente uma "outra política em relação às ilegalidades" (Foucault, 2014, p. 82). Que, aliás, mudam em relação a tempos mais recuados. Com efeito, o "tipo criminológico" característico desse período é antes um Jean Valjean de *Os miseráveis*, que começou a cumprir sua comovente saga ao cometer o que hoje chamaríamos de "furto famélico", ou um *Oliver Twist* de Charles Dickens, que era o que hoje chamaríamos de "menino de rua", e não o regicida Damiens – ou mesmo, mais tarde, o homossexual Oscar Wilde, condenado em 1895 a dois anos de prisão com trabalhos forçados por "atos obscenos".

Em suas grandes linhas, não vejo como discordar da tese foucaultiana segundo a qual a prisão penitenciária deriva de um projeto disciplinador de doutrinadores penais (ideólogos, se se preferir) comprometidos com o bom funcionamento da nascente sociedade industrial-capitalista, até pelo fato de que ela foi explicitamente erigida com a finalidade de transformar as "classes perigosas" em classe proletária dócil e produtiva. A aceitação da tese, porém, não é sem reservas. Uma delas é que a tese apresenta, por assim dizer, um ponto cego. Concedamos que os delitos contra a propriedade e o comportamento desregrado de uma massa de trabalhadores que é preciso adestrar para o mercado capitalista seja o grande alvo do projeto disciplinar. Mas esse desiderato não cobre toda a gama de crimes a serem punidos. Que se lembre, a título de exemplo, o parricídio, o mais horrível dos crimes, bem como a sodomia, o mais nefando deles. Uma outra reserva diz respeito ao fato de que o projeto "penitenciário" nunca funcionou a contento, o que nos coloca frente a um enigma: Por que então a prisão penitenciária persiste? Ou, pelo menos: Por que persistiu incólume às críticas durante tanto tempo?

Desde pelo menos 1818, como vimos, considera-se que a prisão regeneradora de Howard é um fracasso; e já em 1828 o epíteto de "escola do crime" era aplicado a seu respeito na França (Darmon, 1980, p. 127). O próprio Michel Foucault (2014, p. 259) lembra que "logo a seguir" à sua implantação a prisão "foi denunciada como o grande fracasso da justiça penal". Mas, se é assim, nosso autor se vê às voltas com um problema que põe em xeque sua tese da prisão enquanto "dispositivo disciplinar". Foucault não desconhece o problema. Para resolvê-lo, propõe a seguinte hipótese:

> se a instituição-prisão resistiu tanto tempo, e em tal imobilidade, se o princípio da detenção penal nunca foi seriamente questionado, é sem dúvida porque esse sistema carcerário se enraizava em profundidade e exercia funções precisas (Foucault, 2014, p. 266).

Quais? Estamos no último quarto do livro e Foucault, desviando-se da tese da prisão como adestradora de almas, faz a famosa pergunta: "O pretenso fracasso não faria então parte do funcionamento da prisão?" (2014, p. 266). Para respondê-la, ele introduz o conceito *ad hoc* de delinquência útil: "A penalidade da detenção fabricaria – daí sem dúvida sua longevidade – uma ilegalidade fechada, separada e útil" (Foucault, 2014, p. 272).

A argumentação de Foucault chega a ser um tanto disparatada. Essa "ilegalidade útil" apresentaria um "certo número de vantagens" que ele enumera meio livremente. Exemplos: ela constituiria "um grupo relativamente restrito e fechado de indivíduos sobre os quais se pode efetuar vigilância constante"; também possibilitaria uma "utilização direta" em empreendimentos coloniais mediante sua "deportação" (Foucault, 2014, p. 273); possibilitaria igualmente a "utilização política dos delinquentes – sob a forma de espias, denunciantes, provocadores" (2014, p. 274-275); além disso, pela "quadriculagem geral que autoriza, constituiria um meio de vigilância perpétua da população" (Foucault, 2014, p. 276). O que dizer dessa reviravolta? Para mim, dos argumentos acima citados, apenas o primeiro (a prisão reúne num local fechado "indivíduos sobre os quais se pode efetuar vigilância constante") faz sentido. Essa, aliás, chega a ser a função mais óbvia da prisão: "neutralizar" indivíduos que, pelas mais diversas razões, quer-se manter sob vigilância[43]. Já para cada um dos outros quatro argumentos pode-se contra-argumentar até intuitivamente.

A "utilização direta" dos presos como matéria-prima para a "deportação" colonial, por exemplo. Questão: Para que condená-los antes a uma pena de prisão? Bastaria ir prendendo preventivamente indivíduos que se quer deportar e, assim que a lotação de um navio-prisão estivesse completa, fazê-lo zarpar. A "utilização política dos delinquentes" convertidos a espiões, alcaguetes e provocadores. Questão: A pena de prisão funcionaria então como uma moeda de troca para convencê-los a cooperar? Em apoio a essa tese Foucault lembra como "fato sabido" a promiscuidade entre os aparelhos policiais e uma "massa de manobra constituída pelos delinquentes" dispostos a se tornar informantes. Mas para isso seria necessário, antes, condená-los a uma pena de prisão? Aparentemente, não. Segundo um relatório de uma autoridade policial, citado numa nota de pé de página pelo próprio Foucault, "os 'denunciantes' são gente que espera 'indulgência'", e "o simples fato de alguém ser incluído uma só vez no registro da polícia, desde esse momento não é mais perdido de vista" (Foucault, 2014, p. 275). Ora, por que o fichamento na polícia não poderia ser essa moeda de troca? Finalmente, a

43. O encarceramento custodial – aquele que sofreu Morus –, por exemplo, é de todos os tempos e preexistiu à prisão como pena.

prisão autorizaria uma "quadriculagem geral" que mantém a população sob "vigilância perpétua". Questão: Que outra pena também não autorizaria isso? No final das contas, por que as "vantagens" enumeradas por Foucault necessitariam que alguns indivíduos sejam de vez em quando enviados para um lugar onde vão passar um tempo aferrolhados?

Que a prisão não diminua a "taxa de criminalidade" ou, pior ainda, a "aumente", seja porque "provoca a reincidência", seja porque "favorece a organização de um meio de delinquentes [...] prontos para todas as cumplicidades futuras", como quer Foucault (2014, p. 259-261), tudo isso é possível. Mas, como observa Garland (1999, p. 333), o fato de que a prisão "reforce a criminalidade e ajude a produzir reincidentes não é uma consequência 'útil' que desejem as autoridades", mas "um custo tolerável para perseguir outros objetivos como a retribuição [e] a neutralização". No mesmo diapasão, o "positivista"[44] Raymond Boudon, submetendo o livro de Foucault a um cerrado exame metodológico, qualifica a reviravolta foucaultiana de "derrapagem", reprovando-lhe lançar mão de "um método geralmente proscrito num trabalho científico, e que consiste em explicar uma causa por seus efeitos não desejados" (Boudon, 1986, p. 200). De minha parte, proponho como explicação alternativa para a manutenção da prisão, apesar do seu fracasso, levar em conta o *prospectivismo* a que aludi no início e atentar não para os efeitos indesejados *ex-post*, mas para que se tornou impossível desejar *ex-ante* – o que leva a questão a um outro patamar argumentativo: justamente o da sensibilidade moderna.

Alexis de Tocqueville talvez tenha sido o primeiro grande pensador moderno a teorizar sobre essa sensibilidade, no célebre *Da democracia na América*, publicado em 1835, onde o autor enuncia a famosa hipótese da "igualdade das condições" como sendo "o fato particular e dominante que singulariza os séculos atuais". Tocqueville (1981, p. 206) põe em relevo o que seria uma *sensibilidade democrática*, responsável por um processo geral de "suavização dos costumes". Cito-o:

> Quando os cronistas da Idade Média, que, por seu nascimento ou por seus costumes, pertenciam todos à aristocracia, relatam o fim trágico de um nobre, são dores sem fim; enquanto que eles contam sem maiores delongas e sem franzir o sobrolho os massacres e as torturas das pessoas do povo.

---

44. Termo que, entre nós, tem uma certa conotação pejorativa, ainda que muitas vezes signifique apenas que o indigitado é um pesquisador exigente quanto ao rigor metodológico.

> [Mas] quando as posições sociais são quase iguais num povo, todos os homens tendo mais ou menos a mesma maneira de pensar e de sentir, cada um deles pode julgar num instante as sensações de todos os outros [...]. Então, já não existe miséria que ele conceba sem sofrimento [...]. É indiferente que se trate de estrangeiros ou de inimigos, pois a imaginação se coloca imediatamente no seu lugar. Ela mistura qualquer coisa de pessoal à sua piedade, e faz ele próprio sofrer enquanto se despedaça o corpo do seu semelhante (Tocqueville, 1981, p. 208).

Repercutindo essa tese, na "Introdução" do relatório que ele e Beaumont escreveram sobre o sistema penal dos novos tempos lê-se que "as legislações penais de todos os povos modernos tendem evidentemente a se suavizar" (Tocqueville, 1984, p. 109). Mas, se foi o primeiro grande teórico da "sensibilidade democrática" moderna, pessoalmente Tocqueville não parece ter sido um seu entusiasmado militante no que diz respeito aos criminosos. Um "Tocqueville desconhecido" – como dirá Michelle Perrot (1984, p. 7) – se mostra de uma dureza tal em relação aos infelizes que vão parar na prisão que um leitor moderno, mesmo continuando a admirar o grande pensador que ele foi, sente como que uma decepção: "Não é apenas para reformar os criminosos que se os priva de sua liberdade; é em primeiro lugar para puni-los". E esclarece: "A repressão se dirige [...] àqueles [...] que só o terror das penas retém". E conclui: "O interesse social, que não é outro senão o interesse da massa honesta, exige assim que os maus sejam punidos com severidade". Adiante, nessa mesma página, ele chama de "teorias efeminadas" as opiniões de que "seria cruel impor-lhes o silêncio [...], desumano isolá-los" (Tocqueville, 1984, p. 136). Isso não impede que páginas adiante, comentando o sistema da Filadélfia, reconheça que a "solidão absoluta, quando nada distrai ou interrompe, está acima das forças do homem, ela consome o criminoso sem descanso e sem piedade; ela não reforma, ela mata" (Tocqueville, 1984, p. 158).

Em relação a isso, aliás, os puritanos ingleses sempre se esmeraram em fazer do "trabalho consolador" um momento de castigo. Um dos "trabalhos" que Oscar Wilde foi obrigado a executar, por exemplo, consistia em desfazer "enormes cordas betumadas, dessas que servem para amarrar navios", que ele executava com "a ajuda de um prego e de suas unhas". "Trabalho penoso, atroz, feito para rasgar e destruir irremediavelmente as mãos" – denunciou seu advogado após visitá-lo (Schiffer, 2010, p. 233). Além disso, teve de passar horas na *treadwheel*, engenhoca que consistia numa roda enorme de madeira munida de pranchas, à guisa de degraus, que o preso, instalado no seu interior, fazia girar com os pés durante horas – como um *hamster* na sua roda –, executando um "trabalho" sem qualquer finalidade econômica, mas qualificado por um dos seus propagandistas como "um terror salutar" (Ignatieff, 1978, p. 177).

Dentro desse mesmo espírito de punir foi que também se inventou, mais uma vez na puritana Inglaterra, um "trabalho" análogo ao da *tread-wheel*, só que dessa vez executado com as mãos: a "manivela". Foi na prisão de Birmingham, inaugurada em 1848, onde seu diretor "rotineiramente" determinava que "pequenos contraventores" fossem obrigados a girar uma "manivela regulada para 30 libras de peso dez mil vezes a cada dez horas". Os que não aguentavam ou resistiam eram "imobilizados em camisas de força, molhados com baldes d'água, jogados em celas escuras e mantidos a pão e água" (Ignatieff, 1978, p. 207-208). Daí a pergunta de Michelle Perrot a propósito das prisões do século XIX como mais humanas do que os suplícios dos séculos precedentes: "Onde está a 'doçura das penas'?" (Perrot, 1980, p. 59). As prisões não eram – e não são – nada "doces". Mas a sensibilidade moderna, ainda que de maneira bem lenta, mas paulatina, continuou fazendo seu caminho, inclusive no seio das autoridades encarregadas de administrar o "sofrimento" dos infelizes que para lá eram enviados.

Um episódio envolvendo ninguém menos do que o mesmo Tocqueville é ilustrativo. Como vimos, no relatório que ele e Beaumont redigiram sobre o melhor sistema penitenciário a ser adotado na França, recomendaram, por razões orçamentárias, o sistema de Auburn. Mas, aí, a disciplina, malgrado a "suavização dos costumes" sobre o que teorizou, era assegurada pelo uso do açoite! No relatório que apresentaram, entretanto, essa forma de disciplina era explicitamente recusada. É surpreendente saber, porém, que ele, Tocqueville, "teria tolerado" o seu uso, "em razão do caráter rude de uma população mais habituada à violência física do que à solidão carcerária", como informa a mesma Michelle Perrot (1984, p. 24-25). Foi preciso que o próprio ministro a quem o relatório se destinava, nas discussões preliminares que antecederam a sua versão final, opusesse "objeções" ao uso do açoite – lembrando que na França pós-1789 os castigos físicos eram "inaceitáveis" (Perrot, 1984, p. 42) – para que o grande teórico da democracia renunciasse à sua ideia, àquela altura tornada estapafúrdia, pelo menos no seu país[45].

45. Na verdade, a dureza implacável das prisões *penitenciárias* dos ingleses nunca foi um projeto sem oposições, seja na própria Inglaterra, seja na França, onde, malgrado a recepção das ideias vindas da Filadélfia, "é por humanidade que são recusados, mesmo em caráter probatório [...], o silêncio contínuo e o isolamento prolongado" (Duprat, 1980, p. 97).

Como se vê com essa reação ministerial, dados históricos sugerem haver um processo de "suavização" das penas de que falava Tocqueville também no interior das prisões. Se, de um lado, em 1839, na França, uma circular ministerial "*erige o trabalho em pena*" (itálicos no original), estabelecendo que, para o preso, "o trabalho deve ser sua única distração" (Perrot, 1980, p. 281), de outro, em 1848, outra circular lembrava que "as punições corporais como a *cangue*[46], as algemas por trás das costas etc. [...] são formalmente proibidas" (Perrot, 1980, p. 304). É nesse mesmo sentido que caminham as reformas na Inglaterra. Em 1863, uma "Comissão da Câmara dos Lordes" elaborou um relatório em que se criticavam "excessos aberrantes" como o uso da "manivela" à guisa de trabalho disciplinador (Pratt, 2006, p. 181). Como explicar essa "suavização" das penas disciplinares no interior das prisões? Mesmo incorrendo no pecado estilístico da repetição, volto à tese da sensibilidade moderna, partilhada por David Garland, que, pondo-se a contrapelo de "certas teorias" que "ameaçam reduzir o fenômeno do castigo a uma questão de jogos de poder ou meras estratégias de controle"[47], julga "válido" pensar "a 'cultura' como um 'determinante' do castigo" (Garland, 1999, p. 290).

Chamo a atenção para as aspas acima, constantes no original, na palavra *determinante*, já que não se trata – nem para Garland, nem para mim – de uma determinação da cultura como "fato exterior, inerte e primeiro", como diria Foucault, mas de uma "relação interativa" entre a "consciência e a conveniência", os "sentimentos elevados e os interesses mesquinhos" (Garland, 1999, p. 290, 232)[48]. Como sempre ocorre na história das instituições humanas, a pena de prisão conjuga diversas forças em conflito: "as ambições ideológicas podem contrapor-se a restrições financeiras imediatas" (é o caso do abandono da cela como oficina de trabalho); "as demandas por segurança percebidas como divergentes dos imperativos morais" (como no caso do abandono da forca para batedores de carteira); "os interesses profissionais de um grupo estar em tensão com os de outro" (Garland, 1999, p. 330), como quando guardas de prisão conflitam com assistentes sociais, ou quando secretários de justiça, cobrados por militantes de direitos humanos, conflitam

46. Espécie de canga portátil formada por duas peças de madeira que se fechavam, munida de orifícios para o pescoço e os punhos.

47. O alvo aqui, claro, é a tese foucaultiana.

48. E o autor completa: "ocasionalmente os sentimentos e as sensibilidades coincidem claramente com os interesses de uma classe política, econômica ou ideológica [dominante], como por exemplo quando as medidas humanas também produzem maior controle e legitimidade" (Garland, 1999, p. 232).

com secretários de segurança cobrados por uma opinião pública atemorizada pela "bandidagem" – e assim por diante.

Depois de dois séculos de frustração com a prisão penitenciária, existe um largo consenso de que a prisão não ressocializa os criminosos e que, portanto, é um completo fracasso e uma insensatez. É o que diz o abolicionista penal alemão Sebastian Scheerer, para quem o fracasso do projeto ressocializador "privou as condenações à prisão de sua mais importante legitimação", escancarando assim o que elas na verdade são: "aberrantes instituições de repressão" (Scheerer, 1989, p. 16). Entre nós, Hugo Santos qualifica de "paradoxo" o fato de que, embora as pessoas tenham deixado de acreditar na sua função ressocializadora, tenha havido um crescimento acelerado das taxas de encarceramento mundo afora nos últimos tempos. Para ele, o paradoxo "desvela [...] uma espécie de razão cínica" (Santos, 2017, p. 3). Já o mais famoso abolicionista, Louk Hulsman, qualifica a prisão como um "sofrimento estéril", e diz que tal sofrimento é um "*nonsense*" (Hulsman; Celis, 1993, p. 62). Mas a prisão persiste, aqui e alhures, como a pena por excelência do mundo moderno – por quê? Raymond Boudon, na sua querela com Foucault, avança uma possível explicação alternativa à do autor de *Vigiar e punir* para a permanência da prisão, apesar do seu pretenso fracasso: "a resposta banal – e sem dúvida aceitável – seria que não se encontrou nada de melhor" (Boudon, 1986, p. 197). A frase, apesar de ser dita em tom irônico e provocativo, merece ser explorada.

Como antes assinalei, a tese do fracasso da prisão apoia-se principalmente – às vezes exclusivamente – na descrença generalizada na sua função ressocializadora. É verdade que durante muito tempo essa função figurou como sua face mais respeitável, deixando em segundo plano suas duas outras funções igualmente reconhecíveis – ainda que menos gloriosas: dissuadir e retribuir. Ora, numa espécie de extrapolação do seu fracasso ressocializador, essa descrença se espraiou pelas outras duas funções. Assim, passa por uma verdade evidente que a prisão, além de não ressocializar os criminosos, não previne os crimes. Mas a verdade é que se costuma ir rápido demais na tese do seu fracasso no que diz respeito à sua função preventiva, por exemplo. Nesse assunto, é recomendável ir devagar com o andor, pois existem pesquisas sociológicas sobre o potencial dissuasório da pena – seja ela qual for, aliás – na prevenção de crimes, que os seus críticos de um modo geral preferem não conhecer[49]. Da mesma forma, o fracasso

49. Para um exemplo dessas pesquisas, cf. Bottoms; Hirsch (2010).

total da ressocialização é mais uma assunção do que propriamente uma evidência no sentido científico do termo. Rigorosamente falando, existe mais especulação do que propriamente conhecimento sociológico sobre a questão, seja lá o que ressocialização signifique. Mas deixemos essas duas questões de lado – já discutidas noutro lugar[50] – porque, para o assunto que aqui nos interessa – sensibilidade moderna e formas de punição –, a função da prisão que mais importa abordar é a *retributiva*.

Max Weber, num clássico e conhecido texto sobre "A ciência como vocação", lembra que a primeira tarefa do sociólogo é "reconhecer os fatos incômodos". Chamo a atenção para um deles. Das três funções classicamente atribuídas à prisão – a ressocializadora, a preventiva e a retributiva –, a primeira é, *sociologicamente* falando, a menos importante! Isso no sentido de que ela é mais um projeto doutrinário, idealizado por reformadores, do que uma demanda emanada da opinião pública. A função preventiva, analogamente, é também menos importante enquanto movimento de opinião, sendo historicamente mais uma estratégia *ex parte principis*: pelo castigo exemplar, prevenir eventuais candidatos a outros eventos que perturbem a paz pública e, ao mesmo tempo, reafirmar o "monopólio da violência legítima". Já a função retributiva, esta, enraíza-se em perspectivas largamente partilhadas pela sociedade em relação ao que sempre se chamou vingança[51].

Talvez seja incômodo reconhecer, mas a verdade é que em relação à sua função retributiva não há *nonsense* na prisão, como quer Hulsman. Ao contrário, há, sim, um *sense* sociologicamente relevante. Qual? Justamente o fato de ser uma *instituição de repressão*, como denuncia Scheerer. A retribuição do mal praticado pelo infrator em forma de castigo, afinal, é reconhecida como um dos objetivos do direito penal e perfeitamente integrada ao senso comum, para quem um criminoso deve sofrer pelo que fez. Essa foi sempre – *sociologicamente* falando, como pontuei – sua função principal. Aliás, a respeito disso, é oportuno lembrar uma outra prova *sociológica* desse

---

50. Para uma discussão sobre a função dissuasória da pena e sobre o "buraco negro" da ressocialização, remeto a outro texto de minha autoria publicado em periódico (Oliveira, 2017) e republicado em livro (Oliveira, 2018).

51. Minha impressão é a de que quando as pessoas comuns sofrem uma violência ou ficam dilaceradas por um mal análogo sofrido por uma pessoa que lhes é querida e, na porta da delegacia ou do tribunal, clamam por "justiça", elas estão querendo exatamente o que o leitor está pensando: que o autor do crime *pague*, por alguma forma de *sofrimento*, pelo que fez. Parece-me que a *justiça* exigida soa como um eufemismo para uma coisa mais ancestral.

seu caráter: onde quer que a prisão tenha sido erigida a "rainha das penas", o tempo de encarceramento – entenda-se: de *sofrimento* – do condenado é medido pela gravidade atribuída ao crime, e não pelo tempo que seria teoricamente necessário para a sua suposta ressocialização.

Faz sentido. O autor ocasional de um homicídio – um crime grave – é um caso bem diferente de um autor de um furto – um delito leve –, mas muitas vezes já inserido numa "carreira" cuja estada na prisão pode ser apenas um acidente num percurso que começou bem antes e que provavelmente continuará depois de sua saída. O autor daquilo que tradicionalmente chamamos de homicídio passional não é um *serial killer*[52]. Já o autor de um furto muitas vezes já é, ou será, um *serial thief.* Nem por isso se conhece legislação penal moderna que preveja mais tempo de prisão para um ladrão do que para um assassino. Qualquer um de nós que veja nisso uma obviedade – e, de certa forma, uma *justiça* –, estará, *ipso facto*, reconhecendo a importância maior da função retributiva da prisão. Para ver isso, voltemos ao "tipo criminológico" para o qual foram construídas as "casas de correção", das quais a prisão penitenciária é uma continuidade. São antes pequenos delinquentes a serem teoricamente reformados do que grandes criminosos a pagarem exemplarmente por seus crimes. Em relação a esses, aliás, o destino mais usual era a pena de morte, mencionada em primeiro lugar no arsenal das penas do Código Penal francês de 1791, e, lembremos, prevista para nada menos do que 32 tipos penais (Duprat, 1980, p. 67). A prisão, assim, mesmo com todo o sofrimento que sempre acarretou, era uma pena prevista para crimes menos graves. Logo, penas menores – o que significava encarceramentos menos longos.

Voltando ao Tocqueville "desconhecido", ele já criticava as "penas muito curtas" porque "se a reforma moral dos malvados é possível, ela só pode resultar de um longo isolamento, meditações profundas, o hábito do trabalho e a submissão contínua a uma regra" (Tocqueville, 1984, p. 93), lembrando que tais "hábitos" não se adquire de um dia para o outro. Sem nenhum pudor em reconhecer a que público a pena de prisão se destinava, ele observa que é preciso que o condenado possua, "à sua saída da prisão, os meios de subsistência sem os quais ele seria de novo *levado ao crime pela*

52. Veja-se, entre nós, um caso famoso como o de Doca Street, assassino de Angela Diniz, a exuberante "pantera de Minas", nos anos de 1970. Depois de cumprir pena, não voltou a matar. Nesse caso, estaria *ressocializado*. Mas o que isso quer dizer? Que o tempo na prisão serviu para que ele se entregasse ao sofrimento e remorso como queriam os *quakers*? Num caso como o dele é até possível. Já com um traficante que continua operando seus negócios dentro da própria prisão, isso não parece muito verossímil.

miséria" (Tocqueville, 1984, p. 93, itálicos meus). Logo, é preciso que ele aprenda o "exercício de uma profissão". Daí o problema das penas curtas: "Como ensinar uma profissão aos detentos que não passam na prisão senão alguns dias, algumas semanas, ou alguns meses?" (Tocqueville, 1984, p. 93)[53]. Mas, ao mesmo tempo, como condenar um pequeno larápio a vários anos de prisão ou a uma pena "de eliminação" num contexto em que, mesmo na Inglaterra tão ciosa de suas forcas, não se admitia mais levar ao patíbulo um simples batedor de carteira?

Volto à tese da "suavização das penas", remetendo-me ao que se passa com a pena capital ao longo do século XIX e século XX adentro e me valendo, mais uma vez, do que se passou na França, um dos últimos países europeus a aboli-la[54]. Benoît Garnot (2009) informa que se na segunda metade do século XVIII chega-se a uma média de duas centenas de condenações anuais para o conjunto do reino", a "tendência à diminuição se acentua claramente no século XIX. No século XX, o número de execuções continua a diminuir, até os três últimos guilhotinados: um em 1976 e dois em 1977. A essa altura, a pena capital tinha encolhido a ponto de ser aplicada apenas a autores de crimes atrozes como estupro ou sequestro seguido de morte (cf. Garnot, 2009, p. 479-481). Paralelamente ao seu desuso, a "suavização dos costumes" também avança no que diz respeito aos métodos de execução. Desde a época em que o condenado era "rompido vivo" e exposto na "roda", até os dias de hoje, em que a maioria dos estados norte-americanos adota a injeção letal, houve notáveis mudanças no sentido de uma execução cada vez mais "suave", como queria Marat. Tanto a injeção letal hoje quanto a câmara de gás ontem, e mesmo a guilhotina há dois séculos atrás, foram introduzidas a partir de uma preocupação com não fazer o condenado sofrer dores. Se nos acostumamos a não lembrar disso é porque, falando *depois* de sua adoção, e sob o impacto dos sofrimentos que os novos métodos também

53. Como o mundo costuma ser mais parecido (em diferentes lugares e épocas) do que às vezes imaginamos, análogas reflexões são feitas por doutrinadores penais brasileiros em relação a essas penas curtas. Em uma tese de doutorado sobre a "soberania policial no Recife no início do século XIX", a autora examina "o hiato" estabelecido entre o tratamento dos *crimes* propriamente ditos, a cargo do judiciário, e a "prática de prisões de curta duração", referida às *contravenções*, que ficava por conta da polícia. Em 1914, o chefe de polícia, referindo-se "ao número assustador de menores vadios vezeiros na prática de furtos e arruaças", lembrava que era "muito inconveniente" o fato de presos desse tipo "serem recolhidos apenas de forma momentânea, sem vivenciarem atividades mediante as quais sairiam mais disciplinados da prisão" (Valença, 2018, p. 177, 194).

54. Só em 1981, no governo de François Mitterrand, é que a pena de morte foi abolida naquele país.

causam, nos esquecemos de como as execuções se davam *antes*, e do *progresso* que os novos métodos significaram quando foram introduzidos.

O contínuo retraimento da pena de morte permite uma paródia à provocação de Boudon: se a prisão, malgrado seu "fracasso", permanece como a "rainha das penas", talvez não seja porque "não se encontrou nada de melhor", como quer ele, mas porque suas alternativas foram se tornando, ao longo dos séculos XIX e XX, *piores* – entenda-se: paulatinamente inadmissíveis. É o que acontece com outra pena bastante utilizada a partir do século XVIII pela Inglaterra e, no século seguinte, pela França – e só nos anos de 1930, no que diz respeito a esse último país, formalmente abolida: a deportação[55]. A Inglaterra tinha se habituado a enviar contingentes de condenados para o que hoje são os Estados Unidos, mas quando, nos anos de 1770, estourou a Guerra de Independência, as autoridades britânicas se viram obrigadas a suspender a prática da *transportation* de criminosos para as colônias rebeladas. Foi quando surgiu a ideia de transportá-los para outro território colonial, Botany Bay, embrião do que hoje é a Austrália. No caso francês, a prática foi adotada a partir dos anos de 1850, primeiro para Caiena, parte do que hoje é a Guiana, e depois também para a Nova Caledônia, no outro lado do mundo. Mas o fenômeno da descolonização, iniciado já no século XVIII com a rebelião norte-americana, e acelerado no século XX depois da Segunda Guerra, tornou a deportação impensável. Ela, hoje, faz parte de um arsenal de penas – como o esquartejamento, o açoite, a marca de ferro ou a forca para um *pickpocket* – que nossa sensibilidade moderna considera parte de uma história definitivamente passada. Reunindo a paulatina inadmissibilidade de certas formas de punição como a morte para pequenos delinquentes, os castigos físicos e as deportações, retomo a *boutade* de Boudon, segundo a qual a permanência da prisão seria porque "não se encontrou nada de melhor", para sugerir a hipótese de que se a prisão permanece como a "rainha das penas", é *par défaut*!

Com isso, volto a Garland. Para ele, a prisão "proporciona uma maneira de castigar o indivíduo [...] compatível com as modernas sensibilidades e as restrições convencionais à violência física manifesta"; ou seja, "uma forma de violência substituta e sutil", e, por essa razão, "exitosa" (Garland, 1999, p. 333). As aspas em *exitosa*, constantes no original, querem dizer que a prisão, mesmo sem ser o êxito que dela se esperava, *funciona*, desde que baixemos nossas expectativas em relação a ela – como, de resto, em

55. Para o caso inglês, Ignatieff (1978) contém informações valiosas. Para o caso francês, Michel Pierre (2017) é autor de um livro – *Le temps des bagnes* – de leitura incontornável sobre o assunto.

relação a toda e qualquer forma de castigo; e, de outro lado, que ela também *fracassa*, porque "nenhum método de castigo logrou elevar os índices de reabilitação nem reduzir notavelmente os índices de criminalidade"; e "nenhum o logrará jamais", porque "o destino do castigo é nunca 'ter êxito' pleno", devido ao fato de que as condições sociais para "induzir a conformidade" – não delinquir – ou para "fomentar o desvio" – delinquir –, "permanecem fora da jurisdição das instituições penais" (Garland, 1999, p. 332), sejam elas quais forem, aliás.

A discrição da retribuição propiciada pela prisão e seus altos muros que impedem ver o que se passa lá dentro merece reflexão. Ele é particularmente realçado por John Pratt (2006), que analisa essa forma de castigo à luz da tese clássica de Norbert Elias sobre o "processo civilizador". Lembrando rapidamente, a tese sustenta que se deu (e ainda se dá) no Ocidente – mas com tendência a se tornar mundial – um processo de "longa duração" que se estende do final da Idade Média até os nossos dias, e que se desenvolve em duas direções confluentes: autocontrole dos impulsos e das emoções dos indivíduos, de um lado; e, de outro, o monopólio do uso legítimo da força por uma autoridade cada vez mais centralizada, garantidora última do processo geral de pacificação – vale dizer: de "civilização" – nas relações interindividuais. Como diz Elias (1990, p. 13) logo no início de sua obra clássica, o "processo civilizador" afeta, entre outros aspectos da vida, "a forma de punição determinada pelo sistema judiciário". Voltando a Pratt, "eventos perturbadores" – de um modo geral "aqueles que são considerados indecorosos ou brutais" – são cada vez mais evitados, na mesma medida em que cresce e se impõe a autoridade do Estado para se ocupar de tais assuntos (Pratt, 2006, p. 19, 26).

A violência de um modo geral, e o crime em particular, são exemplos por excelência de eventos desse tipo. Da mesma forma, o castigo. O abandono dos suplícios em praça pública e a elevação da prisão à condição de "rainha das penas", entre os séculos XIX e XX, assinalam que "os contornos do desenvolvimento penal no mundo civilizado seguiram esse caminho", ou seja: de um lado, "se estabeleceu um sistema de castigos que se adequou a esses valores e expectativas", por assim dizer, "civilizados"; de outro, o novo sistema punitivo, aplicado atrás de altos muros, "escondia seus traços mais desagradáveis e degradantes" (Pratt, 2006, p. 23-24). Instalou-se assim uma justiça penal

> presidida por funcionários burocráticos, o que permitia impedir a força emotiva que a exibição pública do castigo podia invocar [...]; em troca, se possibilitava sua administração

pelas forças mais racionais e eficientes do governo moderno (Pratt, 2006, p. 45).

Os sentimentos de aversão aos "eventos perturbadores" foram "interiorizados" e passaram a constituir uma espécie de "segunda natureza" dos indivíduos, o que elevava "o umbral da sensibilidade [...] à vista do sofrimento" (Pratt, 2006, p. 20).

E foi assim que, analogamente à "aversão" às "execuções públicas no século XIX entre as elites de classe média e entre os formadores de opinião cada vez mais importantes" (Pratt, 2006, p. 26), a forma de punição que se lhe seguiu, a prisão, começou também a provocar mal-estar. Mudaram as formas de punição, certo; mas também os patamares do que é considerado "perturbador". Assim, da mesma maneira que as pessoas deixaram de se jubilar com o "carnaval" dos esquartejamentos em praça pública, também começaram a se incomodar com as prisões. "Em meados do século XIX, em lugar do anterior carnaval do castigo, os muros e portões das prisões ocultavam o mundo penal do olhar público". A prisão, em si mesma, chegou a ser vista como outro "espetáculo de castigo", mas "a prisão e sua população [...] deveria[m] ocultar-se do cenário do mundo civilizado" (Pratt, 2006, p. 61).

É especialmente para esse aspecto da questão que Pratt chama a atenção: o processo civilizador terminou por "excluir" as prisões do mundo civilizado. Aqui, como em outros casos, impuseram-se "duas forças específicas no desenvolvimento das sociedades civilizadas dos séculos XIX e XX: a burocratização, por um lado, e a indiferença do público, por outro" (Pratt, 2006, p. 174). Se ninguém sabia do que acontecia de "perturbador" por trás dos muros das prisões, é "porque ninguém se importava com o que acontecia", como continua não se importando. De vez em quando, é verdade, o "grande público" – mais exatamente, parte dele – era e continua sendo perturbado por esse sistema *exitoso*: quando, por exemplo, as pessoas se inteiram pela imprensa de violências físicas contra presos perpetradas intramuros, um sinal de que "os parâmetros do 'civilizado' [foram] violados". Afora isso, cada um cuida da sua vida sem maiores preocupações pelo que não lhe diz respeito. Disso tudo resulta que, nas sociedades civilizadas contemporâneas, o "autocontrole parece converter-se muito facilmente em indiferença moral" (Pratt, 2006, p. 23).

Pratt incorpora à sua reflexão o pensamento de Zygmunt Bauman exposto em *Modernidade e holocausto*, onde o autor, depois de observar que entre as "imagens sociológicas sobre o processo civilizador" de Elias "a mais comum" é aquela que tem como um dos "pontos centrais" a "gradual, mas persistente eliminação da violência na vida social", sustenta a tese de que essa "visão não é necessariamente enganosa", mas que, à luz do Holocausto, "ela parece parcial" (Bauman, 1998, p. 47-48). O que Bauman está dizendo é que o "processo civilizador" não é uma via de mão única, porque é também capaz de produzir uma "indiferença moral" em relação a alguns aspectos repugnantes das sociedades que se civilizam, doravante deixados a cargo de burocracias encarregadas de lidar com os mesmos longe das nossas vistas. Assim, se de um lado a sociedade moderna não suporta mais os castigos físicos em praça pública, de outro exime-se da responsabilidade de saber o que se passa atrás dos muros das prisões – coisas desagradáveis de que prefere não tomar conhecimento[56].

Mas essa "indiferença moral", talvez seja mais apropriado pensá-la em termos de "incômodo moral", algo que teria a ver com a "má-fé" no sentido sartreano da expressão: as pessoas estão conscientes do que se passa, mas, para não se sentirem perturbadas com o que acontece atrás dos muros que evitam, refugiam-se no argumento de que aquilo não lhes diz respeito, e "esquecem". Mas sempre há quem venha lembrar-lhes disso e perturbar sua "boa consciência". Ontem e hoje. Sempre, talvez. Philippe Combessie (2001, p. 51) lembra que já no século XIII, atendendo ao chamado de um versículo bíblico – "Eu estava preso, e fostes me ver" (Mt 25,36) –, "diversas associações de inspiração cristã já se ocupavam dos cativos do *Ancien Régime*". Na Modernidade, com a transformação da prisão em *pena*, o autor sugere uma linha de continuidade entre tais iniciativas, que continuam existindo, e "associações de inspiração humanista", entre as quais ele inclui, já no final dos anos de 1960, o Grupo de Informações sobre as Prisões – GIP –, composto por intelectuais e militantes egressos do Maio de 68 francês desejosos de lançar luz sobre um mundo desconhecido das pessoas comuns. O GIP teve entre seus fundadores ninguém menos do que Michel Foucault. Para Combessie (2001, p. 51), "pode-se pensar que, enquanto houver prisões, haverá voluntários para

---

56. O fenômeno guarda analogia com o que aconteceu numa Alemanha tomada de assalto pela barbárie nazista nos anos de 1930, como escreve Bauman: "a repulsa cultural à violência revelou-se pobre salvaguarda contra a coerção organizada; enquanto as maneiras civilizadas mostraram uma espantosa habilidade para coexistir pacífica e harmoniosamente com o assassinato em massa. [...] Entre os espectadores, a repulsa civilizada da desumanidade não se mostrou forte o bastante para encorajar uma resistência ativa a ela. A maioria dos espectadores reagiu como as normas civilizadas aconselham e nos levam a reagir diante de coisas bárbaras e repugnantes: viraram os olhos para o outro lado" (Bauman, 1998, p. 135).

intervir". De fato, a vasta literatura sobre a prisão desde que ela foi adotada como "rainha das penas" entre os séculos XVIII e XIX é pródiga em denúncias feitas por jornalistas, juristas, militantes de direitos humanos etc., expondo os horrores não previstos pelos reformadores que a idealizaram, e assim incomodar o sono dos "justos".

Se, em seus aspectos *alienantes* – como o "ocultamento" de eventos perturbadores –, o processo civilizador, como diz Elias na última frase do livro, ainda não havia "terminado", também em relação a seus aspectos *não alienantes* não estava – e não está – concluído. O "umbral de sensibilidade" continuou fazendo seu percurso ascendente e, por volta dos anos de 1970, começaram a florescer nas sociedades ocidentais ideias generosas sobre o que fazer com os que infringiam as leis penais e surgiu, analogamente ao movimento abolicionista dos suplícios nos séculos XVIII e XIX, um movimento abolicionista da punição que lhes sucedeu: a própria prisão!

4

O MOVIMENTO ABOLICIONISTA

4.1 O abolicionismo e a prisão

> Se afasto do meu jardim os obstáculos que impedem o sol e as águas de fertilizar a terra, logo surgirão plantas de cuja existência eu sequer suspeitava. Da mesma forma, o desaparecimento do sistema punitivo estatal abrirá, num convívio mais sadio e mais dinâmico, os caminhos de uma nova justiça.
> Louk Hulsman

A frase em epígrafe figura no frontispício de um dos livros mais emblemáticos do movimento do abolicionismo penal, *Penas perdidas*, coassinado por Hulsman e Celis (1993). Para Hulsman, o objetivo do movimento é nada mais nada menos do que o "desaparecimento do sistema punitivo estatal". Mas nem todos os autores vinculados a uma perspectiva "abolicionista" são tão radicais quanto ele. O movimento, apesar de partilhar um pano de fundo "crítico" comum, é multifacetado, e vários de seus doutrinadores costumam adotar uma postura mais moderada, como é o caso de um Raúl Zaffaroni (1999, p. 6) que, mesmo enfatizando a "perda de legitimidade do sistema penal", pende antes para o "minimalismo penal". O que poderíamos chamar de abolicionismo *lato sensu* é, assim, um largo movimento envolvendo vários criminólogos "críticos", mas muitos deles ciosos em relação à necessidade de um sistema estatal de justiça penal. Lendo-os, verifica-se que, não raro, o abolicionismo de que falam é, antes, um abolicionismo *carcerário* – o que é uma nuança importante.

O movimento parece já ter conhecido melhores dias. Escrevendo em meados dos anos de 1980[57], Thomas Mathiesen diz num tom desolado: "acreditei que viveria o dia em que se aboliriam as prisões, ou ao menos que elas se reduziriam drasticamente em tamanho e número". Mas "os tempos já não estão conosco", continuava. E concluía: "Ainda que com variações, há uma forte e clara tendência em direção à expansão do sistema carcerário em todo o mundo ocidental" (Mathiesen, 1989, p. 109, 111). Isso foi escrito há mais de 30 anos. De lá para cá, a tendência só fez aumentar. Quase meio século depois do seu aparecimento, o movimento abolicionista vê-se diante de um cenário pouco estimulante. Entre o final dos anos de 1970 e inícios dos anos de 1980, começou, em níveis mundiais, o fenômeno do superencarceramento, e de lá para cá a tendência só fez aumentar, com os Estados Unidos e seus mais de dois milhões de presos na passagem do século XX para o XXI – o que possibilitou que se falasse num "*gulag* penal" em constituição naquele país (Young, 2002, p. 277); e, no Brasil, ao cabo de mais de dois anos de uma pandemia mundial, o número de presos, que já vinha num movimento ascendente faz tempo, tenha chegado a mais de 900 mil – aí incluídos cerca de 45% de presos provisórios (Galvão, 2023). Mas o fenômeno não se restringe a países como os Estados Unidos e o Brasil, exemplos notórios, espraiando-se também por sociedades bem mais "civilizadas" e que chamam bem menos nossa atenção quanto ao assunto, como a Inglaterra (Pratt, 2006, p. 223) ou a França (Wacquant, 2001, p. 116).

Como explicar o fenômeno? Para o senso comum, nada mais simples: se há mais presos é porque há mais crimes e, portanto, mais criminosos. Não é o caso, aqui, de adentrar essa questão. Mas para não passar inteiramente em branco, lembraria que entre as várias leituras sobre o assunto sobressai entre nós a conhecida tese de Loïc Wacquant (2001, p. 77) sobre a passagem "do Estado-providência ao Estado-penitência", fenômeno que teria primeiro ocorrido nos Estados Unidos, com posterior irradiação mundial. É o que ele chama de "penalidade neoliberal", aquela que apresenta o "paradoxo" de pretender

> remediar com "mais Estado" policial e penitenciário o "menos Estado" econômico e social que é a própria causa da escalada generalizada da insegurança objetiva e subjetiva em todos os países (Wacquant, 2001, p. 7).

57. Cerca de dez anos, portanto, depois do aparecimento do seu livro *The politics of abolition*, de 1974, que é considerado um dos marcos fundantes do movimento abolicionista.

Considero a tese um tanto esquemática, mas não irei aqui discuti-la, tanto mais que, independentemente de suas causas, importa destacar que mesmo um autor como Wacquant não nega a existência, nas sociedades de hoje, de uma "insegurança *objetiva*" (itálico meu), ocasionada por uma criminalidade típica do que ele – valendo-se de uma expressão weberiana – chama de "capitalismo de pilhagem de rua" (Wacquant, 2001, p. 97), caracterizada por furtos e roubos, muitos deles ligados à questão do tráfico de drogas. Uns e outros, aliás, muitas vezes inextricavelmente imbricados, já que boa parte desses eventos está diretamente ligada ou é consequência de uma política de criminalização de ações que não deveriam merecer essa promoção, como é o caso da insana, inútil e criminógena "guerra às drogas" inaugurada por Ronald Reagan nos Estados Unidos, com consequências inevitáveis para o mundo todo.

O que diz Wacquant sobre a insegurança objetiva vem ao encontro da observação de Garland de que, mesmo se há um "pânico moral" insuflado por políticos e jornalistas em busca de votos e audiência, "é errado inferir disso" que o sentimento geral de insegurança "possa ser erigido a partir do nada" (Garland, 2008, p. 321), pois "altas taxas de criminalidade são tidas como um fato social normal" nas sociedades em que vivemos. Em nota, adverte: "Altas é evidentemente um termo relativo"; mas abrevia o que seria uma discussão infindável com um argumento cortante: "Para meu propósito, uma taxa de criminalidade 'alta' é aquela em que a *evitação* do crime é um princípio organizacional central da vida cotidiana" (Garland, 2008, p. 363, itálico meu)[58]. Por outro lado, o punitivismo e a inflação penal dele decorrente não são apenas o apanágio de conservadores moralistas à la Reagan sonhando com um mundo sem drogas. Incômodo ou não, o fato é que a própria "igualdade democrática" faz surgirem novas "infrações nascidas diretamente" dela, como são os casos da criminalização do assédio sexual, da violência doméstica etc. (Garapon, 2002, p. 272-273). Ou seja, o próprio "processo civilizador", ao elevar o patamar da "sensibilidade moderna", dá origem a movimentos punitivistas impulsionados por comportamentos que já não são admissíveis. É o caso de leis que ficam

58. Quem de nós, aliás, não *vivencia* esse fenômeno? Ele é um tanto desconfortável para nós outros humanistas que, apesar de toda a crítica que, enquanto sujeitos *epistemológicos*, fazemos aos processos de criminalização e de superencarceramento, enquanto sujeitos *empíricos* (Oliveira, 2016), alimentamos o "pânico moral" ao irmos morar em prédios munidos de ofendículos, evitamos certos lugares nos nossos deslocamentos pela cidade, e tarde da noite, diante de um sinal fechado numa rua deserta, ficamos rezando para que apareça o sinal verde... quando não simplesmente furamos o sinal!

conhecidas pelo nome das vítimas, como a "Maria da Penha", uma "lei com nome de mulher", como a definiu Marília Montenegro (2015)[59].

Mas o fenômeno do superencarceramento – impulsionado, de um lado, por uma cruzada moralista contra as drogas; de outro, por demandas "progressistas" como o combate à violência machista – invalidaria a hipótese de uma sensibilidade moderna que, malgrado tudo, continua operando nas nossas sociedades? Nos últimos anos, é verdade, assistiu-se a um "declínio do ideal da reabilitação" (Garland, 2008, p. 50) e a um recrudescimento do velho retributivismo penal. Mas a hipótese de John Pratt (2006, p. 234) é a de que o superencarceramento não significa "uma 'volta atrás' geral", o próprio fenômeno sendo indicativo de que voltar às formas pré-modernas de castigo sobre o corpo está fora de questão. Valendo-me outra vez de Garland, replico uma questão interessante que ele põe: se, a partir de um determinado momento, o ideal da ressocialização cedeu lugar ao retributivismo, então por que "os castigos corporais [não] deveriam ser um veículo óbvio para este propósito?" Afinal, "infligir diretamente dor física oferece inúmeras vantagens [...] em comparação com outros métodos em vigor" (Garland, 1999, p. 282). Diferentemente do encarceramento – "que é muito caro, difícil de manejar e cria problemas ao reunir um grande número de transgressores embaixo do mesmo teto" –, os castigos corporais "são baratos, podem ser dosados com precisão e aplicar-se com razoável eficiência e uniformidade" (Garland, 1999, p. 282). E, no entanto, "os penalistas sequer mencionam essa possibilidade"[60]. Por quê? Segundo o autor, a resposta é óbvia:

> nossa sensibilidade moderna – ou pelo menos a dos setores da sociedade que influem na construção de políticas – está sintoni-

---

59. No mesmo sentido, Álvaro Pires (2004, p. 46) observa que "diversos movimentos sociais progressistas ou filantrópicos (voltados à proteção de portadores de deficiências físicas, dos animais, do meio ambiente etc.) e até mesmo pensadores dotados de uma 'teoria crítica' da sociedade caem nessa armadilha cognitiva que consiste em se opor ao abrandamento de penas e à adoção de sanções alternativas (não carcerárias), ou em demandar, em nome de princípios da racionalidade penal moderna (igualdade, proporcionalidade, segurança), penas aflitivas mais severas (pelo menos para a categoria de crimes que lhes preocupa)".

60. Observo todavia que, logo após essa afirmação, em nota, Garland lembra o caso do criminólogo norte-americano Graeme Newman que, nos anos de 1980 (no livro *Just and painful*), "escandalizou o mundo da criminologia ao sugerir a reintrodução de castigos corporais" para conter a criminalidade crescente e fazer frente aos altos custos do encarceramento. "O método proposto" não deixava de ser *moderno*: "descargas elétricas calibradas com precisão, aplicadas medicamente, sem provocar lesões duradouras". Suas ideias provocaram "indignação" e, claro, não foram adotadas (Garland, 1999, p. 282). Digamos que um Newman seria a exceção que confirma a regra.

zada para ter aversão à violência física e ao sofrimento corporal (Garland, 1999, p. 282).

Pratt, no seu livro tornado uma referência obrigatória sobre a prisão no mundo moderno, dedica todo um capítulo à "melhoria da vida na prisão" do século XIX até os nossos dias, contendo minudentes dados empíricos que incluem alimentação, vestuário, higiene pessoal etc. Ainda que ele mesmo sublinhe que sua pesquisa se restringe ao que chama de "mundo civilizado" do Hemisfério Norte (Pratt, 2006, p. 18), seria interessante ver em que medida, num país como o Brasil, houve também uma tendência no sentido de um melhoramento das condições de encarceramento numa perspectiva temporal longa. O argumento, sem dúvida, pode parecer cínico para um leitor acostumado com as imagens de uma carceragem brasileira típica: atrás de barras sujas, homens geralmente pardos, seminus, desdentados e de ar alucinado vociferando alguma coisa para a câmera. Apenas lembro que minha questão é outra: a prisão não como *carceragem*, mas como *pena* a ser cumprida num estabelecimento penitenciário no sentido próprio da palavra. Em relação a isso, mesmo num país como o Brasil, pode-se perguntar: Será mesmo que as coisas pioraram desde que, em 1874, uma comissão de inspeção, indo verificar as condições de vida na Casa de Correção do Rio de Janeiro, afirmou que "a condenação a uma pena maior de dez anos equivalia a uma sentença de morte"? (Koerner, 2006, p. 214).

A resposta não é fácil de ser dada, por ser difícil, se não impossível, comparar as duas situações. Basta para isso considerarmos o fato de que boa parte das prisões brasileiras é hoje dominada pelo que se chama de "facções" e suas "guerras", e que vez por outra assiste-se, no Brasil, à explosão de um desses caldeirões ferventes, com presos se matando mutuamente, alguns mortos sendo decapitados por seus algozes, outros sendo queimados vivos etc., como aconteceu – só para dar um exemplo conhecido – no Complexo Penitenciário de Pedrinhas, no Maranhão, onde, na passagem de 2013 para 2014, ocorreu um desses massacres, com um saldo de 60 mortos. Para não falar da violência cometida, desta vez, não pelos próprios presos, mas por aqueles encarregados de tratá-los como seres humanos, mas que, ao contrário, inventam "procedimentos" como os de Itaitinga ou Alcaçuz.

Claro que no livro de Pratt, onde se fala da "melhoria da vida na prisão" no século XX, não há nada remotamente parecido com esses horrores. Afinal, sua minuciosa pesquisa abrange apenas o "mundo civilizado" do Hemisfério Norte, como vimos. Já Pedrinhas, Itaitinga ou Alcaçuz, no nosso hemisfério esquecido, parecem o inferno. Mas se nele há nove círculos, a imagem sugere a hipótese de que nem todos estão tão próximos do centro, como nos casos relatados. Mas nossa vocação "crítica" é pouco atraída pela hipótese de que nem todo o sistema prisional brasileiro apresenta idênticos níveis de desumanidade. O Brasil, é verdade, costuma ser um país onde vige a hipocrisia legal. Já a Constituição de 1824 previa "cadeias [...] seguras, limpas e bem arejadas" (artigo 179, XXI), e é sabido que temos uma das legislações penitenciárias mais liberais e avançadas do mundo. Na prática, é o que sempre se viu e continua se vendo. Mas, também é verdade, nem todos os dispositivos dessa legislação são feitos apenas para inglês ver. Um bom exemplo disso é o direito à chamada "visita íntima", uma prática respeitada entre nós desde pelo menos a Lei de Execuções Penais (LEP) de 1984 (no ocaso da ditadura militar), enquanto que em alguns países europeus ela teve de esperar o início dos anos de 2000 para ser implementada[61].

Seja como for, paralelamente ao fenômeno do superencarceramento, movimentos desencarceradores continuam fazendo seu caminho mundo afora, animados pelo que Garapon, Gros e Pech nomeiam de "homem democrático", *tipo-ideal* presa de um paradoxo: se, de um lado, "pune cada vez mais", de outro, se "compadece com o destino dos castigados". Portador da "sensibilidade moderna", esse homem se escandaliza com o sofrimento dos presos e até "sonha" com "punições indolores" (Garapon; Gros; Pech, 2002, p. 7). Exemplo disso é o movimento, surgido nos anos de 1990[62], da chamada "justiça reconstrutiva", como é conhecida em alguns lugares, ou "justiça restaurativa", como é conhecida no mundo anglófilo, formulação preferencialmente adotada entre nós[63]. Muito próxima, ainda que não coincidente, com o abolicionismo penal, essa corrente de pensamento tem inspirado iniciativas que se espalham hoje em dia por vários países no mundo, inclusive o Brasil. Entre nós, neste momento, já temos, ainda que num estágio balbuciante e tímido, um arcabouço legal desencarcerador.

Avançando em meio a resistências que incluem a inércia das instituições e a mentalidade encarceradora arraigada nos próprios meios judiciais[64], além da hostilidade de uma opinião pública açulada por bordões do tipo "a polícia prende e a justiça solta", essa legislação, por enquanto, encontra dificuldades para um desempenho realmente alternativo ao aprisionamento[65]. Mas

---

61. Sobre o assunto, cf. Combessie (2001, p. 60).

62. Mais exatamente em 1990, quando é publicado o livro do criminólogo norte-americano Howard Zehr, *Changing lenses* (1990), geralmente considerado sua referência inicial.

63. Sobre a "justiça reconstrutiva", cf. Garapon; Gros; Pech (2002); sobre a "justiça restaurativa", cf. Rosenblatt (2015).

64. Sobre o assunto, especificamente no âmbito da justiça federal, cf. Lopes (2019).

65. Como diz Azevedo (2018, p. 11), "a relação entre a prisão e as alternativas que se propõem no seu lugar não é necessariamente de ruptura, mas [...] de coexistência, continuidade e funcio-

ela existe e, bem ou mal, vai fazendo o seu caminho. Exemplos disso são a Lei 9.099/95, dos Juizados Especiais Criminais, a Lei 9.714/98, das Penas Alternativas, a Lei 12.403/2011, sobre medidas cautelares que flexibiliza a obrigatoriedade da prisão provisória, o Programa de Audiências de Custódia do CNJ (Resolução 213/2015) etc., até, mais recentemente, o Programa de Justiça Restaurativa instituído pelo mesmo Conselho Nacional de Justiça (Departamento Penitenciário Nacional, 2020).

O castigo provoca sofrimento; mas o crime, também. O que fazer? Há dois níveis de resposta. Um deles é pessoal. Nesse nível, posso escolher, na ocorrência de uma violência que me atinja, entre perdoar quem me fez um mal ou desejar que ele sofra igualmente. Um exemplo da primeira atitude é o da maranhense Socorro Machado, que depois de três anos de depressão após o assassinato de um irmão remediou sua dor inscrevendo-se como voluntária na Associação de Proteção e Assistência aos Condenados do seu estado. Ao visitar um presídio pela primeira vez, saiu transtornada:

> foi um desespero, pois era como se eu estivesse procurando quem matou o meu irmão. Só que ali eu vi pessoas, um mundo que não se pode desejar nem para o seu pior inimigo (Trindade; Pamplona, 2017).

Outra foi a atitude dos pais de Victor Hugo Deppman, um jovem de 19 anos assaltado e, mesmo tendo entregue o celular ao assaltante, alvejado na cabeça em 2013, em São Paulo, na frente do prédio onde morava. Seu assassino era um jovem mais novo do que ele: menor de idade, cumpriu medida socioeducativa e já está solto. Passados cinco anos da morte de Victor Hugo, sua mãe se tornou ativista pela redução da maioridade penal (Faria, 2018). Duas tragédias semelhantes e, no entanto, passados alguns anos de sua ocorrência, as pessoas que a sofreram trabalham seu luto de forma diferente. Assim são os seres humanos. Nenhum de nós reage da mesma maneira a eventos semelhantes ou análogos. Somos capazes de perdoar, como somos capazes de nos vingar. Ambos, a vingança e o perdão, são igualmente humanos. E existem!

O segundo nível de resposta é aquele em que, como cidadãos, somos interpelados a decidir como as instituições da *polis* em que vivemos devem funcionar. Nesse nível, nossa soberania deve ser limitada por critérios outros que não as dobras sombrias ou luminosas do coração. É um nível em que,

---

namento recíproco". Sobre a perspectiva de uma inversão dos conceitos, fazendo o cárcere passar a ser uma pena *alternativa*, cf. Ribeiro (2006).

recorrendo a mais uma conhecida formulação weberiana, a ética de convicção deve estar atenta à ética de responsabilidade. Nesse caso, pensando na questão sobre que me debruço – o crime, a pena e suas consequências –, considero que é necessário encarar, tanto quanto possível *sine ira et studio*, o problema da punição – entenda-se: uma sanção institucionalmente organizada, hegemonizada no mundo moderno pela prisão. É verdade que, no fundo, crime e castigo são eventos de uma mesma tragédia no sentido forte da expressão: uma vez o primeiro cometido, é como se os personagens encarregados de "fazer justiça" já não pudessem deixar de agir como agem, mesmo se a punição nada mais faz do que acrescentar novas dores ao mundo.

4.2 A "justiça restaurativa": persistência

É o dilema que se põem Garapon, Gros e Pech na abertura do livro escrito a seis mãos intitulado *Punir em democracia*: "Punição ou impunidade, qual é o maior escândalo?" Uma das respostas que têm sido dadas nos últimos anos é aquela fornecida pela justiça restaurativa. O núcleo central do seu pensamento – "Porque o crime fere, a justiça deve curar" – tem inspirado iniciativas que se espalham hoje em dia por vários países mundo afora (Rosenblatt, 2015, p. 5, 23). A "cura" a ser promovida, porém, não é a do criminoso-monstro da criminologia positivista, mas a das feridas por ele causadas, levando-se em conta as reais necessidades das pessoas envolvidas nas consequências do crime – a vítima em primeiro lugar. É o que Garapon (2002, p. 249) vai chamar de "quarto sentido da pena"[66], a saber: "a perspectiva de uma reconstrução", a qual, se inclui um laço que eventualmente "liga [o criminoso] à sua vítima", atribui a esta um protagonismo que ela perdeu na modernidade, expropriada que foi da sua dor pelo fenômeno que Nils Christie caracterizou como um "roubo do conflito". Segundo Christie (1992, p. 159, 162), "aquilo que era algo entre as partes concretas, [se converte] em um conflito entre uma das partes e o Estado". E este opera um sistema penal com base em regulamentos impessoais que dificilmente levam em conta "os problemas como vivenciados pelos envolvidos diretamente" (Christie, 1992, p. 155), e a vítima chega a ser uma coadjuvante como simples testemunha.

66. Lembrando que os outros três tradicionalmente reconhecidos são: a retribuição, a prevenção e a ressocialização.

Os movimentos abolicionistas e restauradores guardam bastante proximidade entre si. Vê-se em ambos um mesmo ânimo em promover uma mudança drástica na nossa cultura punitiva, destronando o encarceramento da condição de rainha das penas. Como diz Pech, há todo um trabalho a ser feito no sentido de uma "lógica de evacuação", visando tirar das prisões quem lá não deveria estar: "na ausência de poder destruir o inferno, podemos esperar esvaziá-lo. E à falta de o esvaziar completamente, pelo menos esfriá-lo". Mas esfriamento não é sinônimo de abolição, "uma vez que é necessário punir" (Pech, 2002, p. 170), o que assinala uma diferença não negligenciável em relação à perspectiva do abolicionismo radical de um Louk Hulsman. Garapon (2002, p. 333), por exemplo, não se esquiva de chamar a atenção para o problema da "pena" sem *pena*, e se pergunta se a "*libido castigandi* será apaziguada" por mecanismos que "postulam um cidadão virtuoso, um agressor arrependido e uma vítima compassiva" que soube calar em si todo o desejo de vingança.

Garapon está longe de ser um punitivista adotando a hipótese do *bad man* como postulado geral para o direito penal, mas está consciente de que algumas pessoas fazem *bad things*, e que a sua impunidade é também inaceitável. O que ele intenta é moderar a punição, até porque "muitas das vítimas não querem ver cabeças a rolar, mas apenas que o seu drama sirva para alguma coisa, para poupar outros, por exemplo" (Garapon, 2002, p. 266). Preocupado com os interesses da vítima, ele não hesita em chamar a atenção para "o parentesco da justiça reconstrutiva com a vingança". E acrescenta:

> O que as junta é a sua relação com a violência. Não apenas é necessário não ter medo da violência, como é preciso dar-lhe confiança, dar-lhe forma. A justiça deve metabolizar a energia contida no desejo de vingança, [apenas recusando] o seu excesso (Garapon, 2002, p. 334).

Como essas citações deixam evidente, Garapon não recusa a velha função retributiva da pena. Mas, ao mesmo tempo, quer uma justiça definitivamente liberta da perspectiva infernal de um sofrimento acrescentado ao sofrimento. Como? Ao oferecer a possibilidade ao autor de uma infração a ser ele a reparar o mal que produziu (Garapon, 2002, p. 314).

Daí a perspectiva do *encontro* entre autor e vítima[67] – uma das peças-chave do movimento restaurativo:

67. Aliás, o próprio "confronto com a vítima não se faz 'sem pena' para o acusado" – lembra o autor (Garapon, 2002, p. 302).

> Com a sua parte [...] de imprevisto [...], o encontro transcende a intenção de quem lhe tomou a iniciativa. [...] Um encontro transborda sempre sobre si mesmo: é tão imprevisível para a vítima quanto, em certa medida, o é para o autor (Garapon, 2002, p. 269).

E a prisão nisso tudo? Para além do "excesso de crueldade" que ela quase sempre significa, Garapon lembra que a "generalidade da pena parece ser, já não arbitrária, mas inadaptada à vítima". Ele põe uma pergunta interessante: "O que é que prova que a vítima se sentirá mais reconhecida com o pronunciamento de uma pena de prisão?" (Garapon, 2002, p. 314). Afinal, historicamente falando, não foi a *intenção* da vítima que foi levada em conta quando, entre os séculos XVIII e XIX, a prisão adquiriu o papel proeminente que ainda hoje ostenta. As penas de prisão, observa argutamente nosso autor, "estão demasiado afastadas do ato para que a vítima fique com a impressão de elas lhe serem destinadas. [...] Demasiado longa ou demasiado curta, ela já não faz sentido por si mesma" (Garapon, 2002, p. 314-315). Mas, ao mesmo tempo, o autor não a exclui inteiramente do arsenal das sanções: "a pena tradicional, nomeadamente a prisão [...], não irá provavelmente desaparecer, mas perdeu a sua ambição universal" (Garapon, 2002, p. 331).

Não é a intenção deste livro especular sobre os tipos de sanção que talvez um dia subvertam a relação de regra geral e exceção que atualmente existe entre a prisão e as penas alternativas. Apenas chamo a atenção para o fato de que dispomos hoje em dia de condições técnicas para que isso aconteça. Basta pensar que vivemos num mundo dominado por uma tecnologia estonteante que torna possível literalmente quadricular, do espaço, toda a terra – inclusive a casa onde moramos. A disseminação do uso da chamada "tornozeleira eletrônica" é um bom exemplo do aproveitamento pelo direito penal das novas tecnologias. Como lembra Pech, ela se baseia

> num "princípio ativo" idêntico ao da prisão (a limitação em tempo da liberdade de movimentos) atribuindo ao condenado um certo perímetro invisível à volta do seu domicílio. É a prisão "em casa" (Pech, 2002, p. 155)[68].

68. "A tal ponto – acrescenta ele – que alguns veem nela um prolongamento sutil das técnicas de controle social que Michel Foucault denunciava" (Pech, 2002, p. 155).

Uma pena desse tipo, aliás, cumpriria uma das funções do aprisionamento: a neutralização do criminoso, já que monitoraria cada um dos seus passos. Mas, mesmo o monitoramento em si já sendo uma "pena", o sofrimento que ele acarreta será considerado um dia como suficiente para satisfazer também a função retributiva da pena? A resposta depende do futuro.

* * *

Essa não é (e muito provavelmente nunca será) uma tarefa que chegue a constituir algum movimento social, com pessoas nas ruas exigindo o fim da prisão como a pena por excelência e, salvo casos excepcionais[69], sua substituição por outras formas de sanção. Esse tipo de assunto não costuma mobilizar os cidadãos para além do círculo relativamente pequeno dos humanistas que se preocupam com ele porque têm compromissos éticos, e dos gestores públicos que, pela função que exercem no sistema penal, são obrigados a dele se ocupar. Mas essas pessoas (juristas, operadores jurídicos, professores, militantes de direitos humanos etc.), apesar de constituírem uma minoria, compõem um grupo sociologicamente importante por sua capacidade em influir nas decisões emanadas da esfera pública. Não foi fácil abolir os suplícios em praça pública; não foi fácil abolir a tortura judicial; não será fácil abolir – ou reduzi-la ao minimamente necessário – a prisão. Mas, como diria o otimista Galileu, *eppur si muove*!

Paralelamente aos aspectos negativos da "indiferença" que de um modo geral caracteriza as pessoas comuns em relação aos assuntos da justiça penal em nossas sociedades, pode-se ler essa *alienação* como um aspecto positivo do "processo civilizador", a saber, o fato de que, para o bem ou para o mal, a estatização da justiça penal coloca as questões que lhe dizem respeito – o *que* punir, mas também *como* punir – na mão de grupos minoritários, os chamados *experts*. Ou seja: entre aquilo que a "sociedade" pensa sobre o assunto e as decisões que são tomadas e implementadas, há toda uma série de filtros interpostos que implicam, entre a "justiça sumária" exigida por cidadãos irados com um crime revoltante (de que os linchamentos são um bom exemplo) e a condenação a uma pena de prisão, todo um "devido processo legal" que impede a violência escancarada de ser exercida como

69. Que é, aliás, a posição de Louk Hulsman, que chega a se referir ao que seria uma "pena legítima" para determinados casos especialmente graves, para os quais prevê a possibilidade de "determinados constrangimentos", entre os quais a "*internação*"! (Hulsman; Celis, 1993, p. 86-87, itálico meu). Ou seja: mesmo se valendo de um eufemismo, o maior dos abolicionistas introduz na sua argumentação a possibilidade da prisão.

pena retributiva. O "previdenciarsmo penal", segundo Garland, tem um "axioma básico", qual seja: "medidas penais devem, sempre que possível, se materializar mais em intervenções reabilitadoras do que na punição retributiva" – justamente o ideal que se viu fulminado por uma descrença generalizada nos últimos tempos. Ora, para esse mesmo autor, a verdade é que, se esse ideal foi dominante durante muito tempo, é porque ele "esteve a salvo do escrutínio popular", tudo isso tendo sido "fruto do trabalho de servidores públicos experientes e do aconselhamento dos especialistas, que estavam a salvo do debate público e das manchetes dos jornais" (Garland, 2008, p. 104-105).

Com efeito, as pessoas comuns costumam ter sobre o crime e o castigo ideias muito pouco "iluministas". Ideias pouco refletidas, muitas vezes confusas e que, de um modo geral, repetem os lugares-comuns irradiados pelos chamados "programas policiais" do tipo "lugar de bandido é na cadeia". O mito das "prisões cinco estrelas" – típico de quem age de má-fé ou nunca entrou numa prisão brasileira –, é outro deles. Chamo à colação, aqui, uma palavra autorizada, a de Robert Badinter, ministro da Justiça no governo de François Mitterrand na França. Badinter foi o ministro responsável pela abolição da pena de morte naquele país, num momento, aliás, em que pesquisas de opinião indicavam que a maioria dos franceses continuava favorável à guilhotina para certos crimes particularmente atrozes. Velho *compagnon de route* de Foucault, ele tem um livro contando sua experiência enquanto ministro da Justiça empenhado em "humanizar" as prisões francesas. Como tal, Badinter teve de lutar contra resistências de políticos punitivistas e de boa parte da opinião pública, que chegava a considerar um "luxo" a introdução de televisão nas celas dos presos! Sua conclusão é que, nesses assuntos, o melhor a fazer é adotar uma "atitude de discrição"; "o essencial – diz ele – é agir, não discursar" (Badinter, 2012, p. 117). Falecido recentemente, Badinter entendia do assunto e, sem dúvida, fazia parte daquilo que Spierenburg chama de "sociedade educada".

A "sensibilidade moderna" continuaria operando nas sociedades em que vivemos? Acho que sim, e o movimento de desencarceramento existente no mundo de hoje atesta que ela continua atuante. Em termos de "longa duração", o que se vê é que, a partir da nossa própria *sensibilidade*, encaramos as prisões com horror análogo ao dos reformadores do século XVIII que propuseram aquilo que os franceses chamam de "penas suaves" – entre elas, a prisão. Afinal, enforcar um batedor de carteira, como ainda se fazia na Inglaterra no século XIX, não ofende apenas a nossa sensibilidade: já ofendia também a sensibilidade de muitos reformadores daquele tempo. E, seja como for, Pech (2002, p. 174) lembra que as prisões do seu país, a França, são hoje mais humanas do que as dos anos de 1970; e estas, mais humanas do que as do século XIX, o que indica que continua havendo uma atualização dos "limiares de tolerância" em relação ao que já não é mais admissível como castigo numa sociedade "civilizada".

Concluindo este capítulo, alguma coisa deve ser dita sobre um problema que não pode ser contornado, urgente num país como o Brasil. Refiro-me à seletividade penal, tanto a primária – o que é *selecionado* como crime – quanto a secundária – quem, entre os que cometem crimes, são *selecionados* para serem punidos. Nunca houve sociedade em que o direito penal não seja primariamente seletivo, até pelo fato óbvio de que não se pode criminalizar tudo, tanto quanto não se pode nada criminalizar. É então preciso *selecionar*, e isso se faz o tempo todo. De vez em quando, comportamentos até então considerados como crime deixam de sê-lo, e outros, até então penalmente indiferentes, são criminalizados. É aí onde o juízo crítico pode ser exercido no sentido de "esfriar o inferno", porque em determinadas épocas a insistência em não descriminalizar determinados comportamentos fere a simples sensatez. Já a seleção secundária, ainda que seja teoricamente possível eliminá-la, não existe sociedade, por mais democrática que seja, que não a pratique. É claro que, a depender da sociedade considerada, ela pode ser mais ou menos escancarada, mais ou menos revoltante.

No nosso país temos certas seletividades contra as quais a luta é urgente, por questões de justiça e mesmo de razoabilidade. Miremos a questão das drogas, responsável por tanta violência e por tanto encarceramento. No sentido de exercer uma "lógica de evacuação", como não razoavelmente argumentar que a "guerra às drogas" deveria urgentemente ser substituída por uma política de "redução de danos"? Trata-se, aqui, de um problema referente tanto à seleção primária[70] quanto à secundária – das quais o fenômeno do encarceramento feminino no Brasil é um exemplo perfeito do que *não deve* ser feito. Segundo o Depen (Departamento Penitenciário Nacional), entre 2000 e 2014 – ou seja, apenas 15 anos –, o aumento da população carcerária feminina foi de estonteantes 567,4%. Mas igualmente estonteante é o fato de que nada menos de 58% dessas mulheres estavam presas por tráfico de drogas (Departamento Penitenciário Nacional, 2014). Ora, que sentido tem, num momento em que no mundo todo

70. Dispenso-me de maiores considerações sobre a seletividade – aqui subentendida – de classe, raça e mesmo de religião na criminalização de drogas como a maconha, por exemplo. Sobre o assunto, remeto ao trabalho de Nunes (2018).

se discute seriamente a descriminalização dos estupefacientes, lotar nossas prisões com essas mulheres que cometeram o que na teoria penal muitos chamam de "crime sem vítima"? Afinal, o que elas fizeram além de vender um produto que alguém quis comprar?...

Na cidade do Recife, enquanto as classes média e alta da cidade consomem, mediante *delivery*, maconha – "de alta qualidade" –, LSD, *ecstasy* e cocaína em "ilhas de paz", onde traficantes e consumidores operam "insulados da criminalidade de sangue do entorno, e são capazes de proteger suas atividades ilegais do roubo, da pequena criminalidade e da polícia" (Daudelin; Ratton, 2018, p. 5), os "drogaditos" miseráveis, muitas vezes moradores de rua que vagueiam pela cidade vivendo de furtos e envolvidos em crimes de sangue pelo não pagamento de dívidas, consomem *crack*. E enquanto os segmentos altos e médios da sociedade fazem seus negócios, beneficiados por uma "indiferença estatal" (Daudelin; Ratton, 2018, p. 29), vendedores e consumidores de *crack* são caçados com incentivos do governo que instituiu um "bônus" para policiais que atingem metas de apreensão (Gonçalves, 2017, p. 107). É o Brasil como sempre o conhecemos: a montante, a *estrutura* produz "zumbis"; a jusante, as *instituições* os punem.

O que fica, nesse caso, da tese do "processo civilizador" num país em que um político pouco levado a sério no passado, publicamente a favor da tortura, foi eleito presidente da República? Em que a polícia do Rio de Janeiro, entra ano, sai ano, promove rotineiramente operações de "guerra às drogas" nas favelas com deslavado descaso pelos direitos das pessoas que lá vivem? A tentação é grande de dizer que estamos diante de um desses "retrocessos civilizatórios" que vez por outra atropelam a tese e podem ser usados para falsificá-la. Vou, assumindo os riscos da escolha, valer-me da imagem do copo pela metade, escolhendo a parte cheia para argumentar e trazendo dois exemplos em que vejo a sensibilidade moderna avançando também aqui.

O primeiro é um caso que aconteceu no Rio de Janeiro, na Praia do Flamengo, em janeiro de 2014. Um jovem negro, suspeito de ladroagem, foi agarrado por um grupo de "justiceiros" locais; desnudado, teve uma orelha cortada e foi agrilhoado num poste pelo pescoço com uma trava de segurança de bicicleta em forma de U (Barón; Martín, 2014). O segundo caso aconteceu em setembro de 2021, em São Paulo. Uma miserável mãe brasileira, com uma prole de cinco filhos, moradora de rua e com um histórico de vício em drogas, furtou num supermercado mercadorias que somavam R$ 21,69: duas coca-colas, dois pacotes de miojo e um pacotinho de suco em pó. Presa em flagrante, teve sua prisão mantida em primeira e segunda instâncias (Carvalho, 2021). Até aqui, estamos no século XIX, onde, no Brasil, negros eram amarrados e chicoteados nos pelourinhos instalados em praça pública; e, na França, pequenos ladrões que cometiam crimes famélicos – como Jean Valjean de *Os miseráveis* – eram enviados aos trabalhos forçados. Mas, malgrado tudo, não estamos.

O rapaz negro, nu e acorrentado sofreu primeiro a "indiferença moral" das pessoas que por ali passavam. Mas uma mulher *moderna* veio em seu favor: a artista plástica Yvonne Bezerra de Melo filmou a cena, chamou os bombeiros para desacorrentar o rapaz e desencadeou uma celeuma nacional. Foi xingada nas "redes", mas também foi admirada. Quanto à mãe miserável, depois de ter tido um pedido de *habeas corpus* negado por duas instâncias da Justiça de São Paulo, a Defensoria Pública do estado recorreu ao STJ, que acatou o pedido e a mãe foi solta. Ao todo, passou 14 dias presa. Como comparação, lembro outra vez o caso de Jean Valjean, condenado a nove anos de trabalhos forçados por ter roubado pão e, seguidamente – por causa de outros delitos cometidos enquanto estava preso –, condenado a penas suplementares que o deixaram, no total, 19 anos no inferno. *Eppur si muove*!

* * *

Em uma nota de conclusão, volto a um desolado abolicionista, Thomas Mathiesen, citado no início deste capítulo. O mesmo Mathiesen que, malgrado tudo, via na expansão carcerária motivo não para desesperar, mas uma razão suplementar para reafirmar que o movimento abolicionista, nessas condições adversas – e justamente por elas –, só adquiria "mais e mais importância". O seu argumento é o de que se uma "tendência política negativa" se agrava, as razões para "ser atacada e finalmente abolida" só aumentam. Seriam os casos da contaminação do meio ambiente, da escalada das armas nucleares e, obviamente, da expansão dos sistemas carcerários (Mathiesen, 1989, p. 113). A superlotação carcerária, as constantes rebeliões nos presídios, a condição desumana a que os presos vivem submetidos etc., apontam para a necessidade de outras políticas penais. É claro que, como a história é um processo em aberto, infelizmente o melhor não está determinado a acontecer. O pior sempre pode sobrevir. Mas apostemos na primeira hipótese.

5

SENSIBILIDADE MODERNA: UMA REFLEXÃO FENOMENOLÓGICA

> O que demasia na gente é a força feia do sofrimento, própria, não é a qualidade do sofrente.
> Riobaldo, no *Grande sertão: veredas*

A fala de Riobaldo a um "letrado" não identificado na obra-prima de Guimarães Rosa serve de ponto de partida para as reflexões que farei no remate deste livro. Ela é dita no momento em que o jagunço conta ao seu interlocutor o que sentiu ao ver os maus-tratos a que estavam sendo submetidos os capangas do malvado Hermógenes pelos seus próprios homens – dele, Riobaldo. A fala, a meu ver, além do seu sofisticado valor literário, é também um exemplo igualmente sofisticado do que vem a ser um olhar fenomenológico com que gostaria de terminar essas reflexões.

A fenomenologia, como se sabe, surge na passagem do século XIX para o século XX, interpelando a psicologia de base objetivista então em voga. Para esta, os fenômenos psíquicos nada mais seriam do que o efeito de estímulos exercidos pelos objetos físicos exteriores sobre os mecanismos nervosos localizados no cérebro. Com isso, fenômenos como a consciência, por exemplo, não seriam mais do que uma expressão vaga com que se designavam eventos, em última instância, puramente fisiológicos. Ou seja: a consciência, enquanto *minha consciência*, se esvanecia. Daí que a fenomenologia propõe uma volta aos "dados imediatos da consciência" – para usar a clássica formulação husserliana. Afinal de contas, como lembra François Lyotard (1986, p. 63), "resta claro que a explicação, mesmo sofisticada, dos fenômenos físico-químicos que 'acompanham' a visão não é capaz de dar conta do fato mesmo de ver".

Ver! Essa é uma palavra-chave e é disso que se trata: *ver*, como Riobaldo, o sofrimento, e tomar a *piedade* que toma conta do jagunço como um "dado imediato de consciência". Nesse caso, como um fenômeno "irredutível", em relação ao qual seria vão procurar "o que é que está por trás disso", como diz um cacoete típico do pensar sociológico convencional. Afinal de contas, à força de ir ver o que está por *trás* das coisas, não corremos o risco de não ver o que está na nossa *frente*? – ou seja, as coisas mesmas? Uma sensibilidade que sente repulsa frente aos espetáculos de sofrimento físico é o objeto de que nos ocupamos. A tentação é grande de colocarmos a pergunta: Como explicá-la? É nesse cruzamento que o olhar fenomenológico e o olhar sociológico se encontram e talvez divirjam.

Como também se sabe, a sociologia tem como postulado explicativo a exterioridade dos fatores causais (sociais, históricos, psicológicos etc.) em relação aos atores. A explicação para esse ou aquele comportamento repousaria numa instância *externa* ao sujeito que sente. Uma desconfiança em relação ao que as pessoas, os indivíduos, os sujeitos – como queiram nomear – sentem e fazem de acordo com seus "sentimentos" como instância originária de suas ações integra a racionalidade das ciências sociais de um modo geral[71], porque tais estados d'alma, por sua vez, devem ser também explicados por fatores externos a eles. Dentro dessa racionalidade, uma "sensibilidade" originária explicando acontecimentos históricos soa um tanto ingênuo.

Só que, no caso específico do meu objeto de reflexão – uma "sensibilidade" –, é como se estivéssemos diante de experiências que repousam numa instância *interior* ao sujeito e são, por assim dizer, independentes dessas influências ou determinações *exteriores*. Em outros termos, é como se, para o sujeito que *sente*, subsistisse a indelével impressão de que as explicações fornecidas pela sociologia ou pela história deixam escapar algo; pois, independentemente delas, e mesmo indiferente a elas, o portador dessa sensibilidade continua a experimentar um irredutível sentimento de horror diante da imagem de um corpo que sofre. Daí a perspectiva fenomenológica adotada neste capítulo final. Em um objeto como o nosso – uma "sensibilidade" experimentada independentemente de qualquer elucubração erudita –, ela evita a armadilha do "sociologismo" ou do "historicismo" a que as explicações sociológicas podem levar. Isso me remete a uma reflexão de Merleau-Ponty que considero exemplar:

> As pesquisas psicológicas, sociológicas, históricas, à medida em que se desenvolviam, tendiam a nos apresentar qualquer pensamento, qualquer opinião [...], como o resultado da ação combinada de condições

71. De que o "anti-humanismo teórico" de Althusser é um bom exemplo.

> psicológicas, sociológicas, históricas exteriores. [...] Ora, assim fazendo, elas chegavam a desenraizar seus próprios fundamentos. Se, com efeito, os pensamentos e os princípios diretores do espírito não são a cada momento senão o resultado de causas exteriores que agem sobre ele, as razões pelas quais eu afirmo qualquer coisa não são na realidade as verdadeiras razões da minha afirmação. Ela tem menos razões do que causas, causas que se trata de determinar a partir do exterior (Merleau-Ponty, 2000, p. 50).

Ora, será que faz sentido tentar encontrar as *causas* pelas quais em determinado momento de sua vida um Michel Foucault pôs sua pujante energia a serviço da militância contra a prisão e, em seguida, se pôs a escrever um livro extraordinário – malgrado as objeções que tenho – chamado *Vigiar e punir*? Não será mais simples considerar que ele tinha *razão*? Bernard Harcourt conta que em 1972 – um momento em que *Vigiar e punir* começava a ser gestado –, depois de uma visita à prisão de Attica nos Estados Unidos, onde no ano anterior uma famosa rebelião deixara um saldo de 29 presos e dez reféns mortos, Foucault saiu de lá "abalado" e qualificou a experiência de estar dentro da prisão como "terrificante" (Harcourt, 2013, p. 276). É de se imaginar que a *piedade* que ele então deve ter sentido é de alguma forma análoga à que – à parte seus perrengues com a monarquia de direito divino de Luís XV – sentiu um Voltaire ao saber dos detalhes do caso de Jean Calas; ou a que sentiu o *sheriff* John Howard ao ver com os próprios olhos as condições desumanas a que estavam submetidos os encarcerados nas enxovias inglesas que ele foi visitar[72].

Um livro como *Dos delitos e das penas*, publicado em 1764, foi um importante catalisador dos sentimentos contra as torturas e os suplícios; um livro como *O estado das prisões na Inglaterra e em Gales*, publicado em 1777, também catalisou um importante movimento pela humanização das prisões; e, finalmente, um livro de enorme repercussão como *Vigiar e punir*, publicado em 1975, foi, no último quarto do século XX, e continua sendo nessas primeiras décadas do século XXI, um importante catalisador dos sen-

---

72. Entendamo-nos bem. Não se trata de fazer desse tipo de mirada fenomenológica um *passe-partout* sociológico, aplicável a todo e qualquer objeto. Ao contrário, estou consciente de suas limitações e até mesmo da superioridade da sociologia tradicional em relação à maioria dos fenômenos com que os sociólogos habitualmente se ocupam. É evidente que a sensibilidade dos atores não é a melhor metodologia para analisar as disparidades de renda, o crime organizado, a alta letalidade policial no Brasil etc., ainda que uma "sensibilidade moderna" seja, a meu ver, um elemento heurístico valioso para se analisar movimentos sociais como o dos direitos humanos; com mais razão ainda, os movimentos de repulsa ao que são as formas mais brutais de violação desses direitos: os suplícios e as torturas.

timentos contra a prisão. Acho que Cesare Beccaria, John Howard e Michel Foucault, se se encontrassem pessoalmente – e malgrado toda a "suspeição" nietzscheana do último em relação aos primeiros –, teriam muitos sentimentos a partilhar. Acho mesmo que Foucault teria grande dificuldade em explicar aos seus atônitos interlocutores que eles, ao pensarem como pensaram e escreverem o que escreveram, não eram exatamente *eles* que estavam pensando ou escrevendo, mas a "sociedade disciplinar que, sorrateiramente, agia através deles![73]

Ainda assim, não há como escapar inteiramente à sociologia ou à história "explicativa" no exame dessas questões, porque é um fato histórico bem-estabelecido que foi apenas no século XVIII, no bojo do Iluminismo, que se adensou uma forte corrente de opinião contra as práticas adotadas pela justiça penal da época. Passa por uma verdade bem-estabelecida que antes disso, e desde tempos imemoriais, torturar um suspeito ou trucidar o corpo de um condenado eram práticas legítimas. Sendo assim, por que só então, no chamado "século de Voltaire", mais e mais pessoas desenvolveram um sentimento de "repugnância" frente a essas práticas? Por que o que era até então apenas o "sentimento" de alguns adentra a cena pública e muda o curso das leis penais? Essa não é uma questão menor e o olhar fenomenológico não pode respondê-la, nem que seja porque, pensando sociologicamente, seria preciso também explicar esse sentimento, numa petição de princípios sem fim. Voltemo-nos assim para a sociologia. Mais exatamente, para dois grandes autores, Alexis de Tocqueville no século XIX, e Norbert Elias no século XX, que formularam duas clássicas explicações histórico-sociológicas – ainda que não se valendo dessa expressão – para a "sensibilidade moderna". Já me referi a ambos em capítulo anterior, mas vale a pena voltar a eles.

O primeiro, como vimos, enuncia a famosa hipótese de que a "igualdade das condições" ocasiona o que seria uma *sensibilidade democrática*, responsável por um processo geral de "suavização dos costumes" (Tocqueville, 1981, p. 206), inclusive no que diz respeito às formas de punir. Segundo sua explicação, uma é a sensibilidade "aristocrática", na qual os nobres têm uma afetada indiferença em relação aos "massacres e as torturas das pessoas do povo"; outra é uma sensibilidade "democrática", quando "as posições sociais [sendo] quase iguais num povo", os homens misturam "qualquer coisa de pessoal à sua *piedade*" e sofrem "enquanto se *despedaça o corpo do seu semelhante*" (Tocqueville, 1981, p. 208). Ora, esse "semelhante" nos-

73. Chegaria até a pensar (talvez num excesso de fantasia) que o próprio Foucault, lembrando-se de sua visita à prisão de Attica, de onde saiu "abalado", teria se perguntado como a sua teoria se enquadraria no sentimento de "piedade" que deve ter sentido.

so difere bastante do "semelhante" da realidade pré-moderna que desperta compaixão no aristocrata diante do sofrimento de um de seus pares, mas que é indiferente ao sofrimento das pessoas comuns. A reflexão de Tocqueville contém uma implicação que gostaria de destacar. Aquilo que estou chamando de "sensibilidade moderna" não seria de todos os tempos e lugares, pois haveria tantas sensibilidades quantas fossem as "ordens" de que era constituída a sociedade do *Ancien Régime*. Como bom e arguto sociólogo que era, Tocqueville remete a um fenômeno histórico "externo" aos sujeitos – a saber, o processo de igualização "das condições" – a explicação para o surgimento de uma sensibilidade que abrange, já agora, todos os seres humanos que, pelo simples atributo de terem nascido "iguais", se tornam *semelhantes* uns dos outros.

Pouco mais de um século depois do livro de Tocqueville, é publicado em 1939 um outro clássico incontornável quando o assunto é "sensibilidade": *O processo civilizador* de Norbert Elias, amplamente citado por autores contemporâneos que tratam das formas modernas de punição em contraste com as antigas[74]. Acompanhando os títulos dos dois volumes que compõem o livro na tradução brasileira, esse processo de "longa duração" abrange desde *Uma história dos costumes* (1990), tratando da constituição de uma "sociedade de corte" – onde indóceis cavaleiros medievais foram substituídos por uma "aristocracia" cortesã e "formas mais pacíficas de conduta tornaram-se obrigatórias" (Elias, 1993, p. 74) –, até a *Formação do Estado e civilização* (1993), tratando das incontáveis peripécias através das quais, primeiro pela via das monarquias absolutas, depois pela via dos estados nacionais, "o aumento e a centralização do exercício do poder" constituiu "uma condição prévia para a pacificação de um dado território [...] a partir de um único centro" (Elias, 1993, p. 21). Estendendo-se por vários séculos, esses processos sequenciais levaram ao autocontrole dos impulsos e das emoções dos indivíduos, a uma "mudança na conduta e sentimentos humanos rumo a uma direção" (Elias, 1993, p. 193). Qual? Justamente a do homem "civilizado".

Com o processo civilizador, "a vida instintiva e afetiva" é submetida a um "firme autocontrole" (Elias, 1993, p. 193-194), e verifica-se um "avanço [no] patamar de repugnância" (1993, p. 244) que os indivíduos sentem em relação ao que no passado chegava a ser um espetáculo público, mas que hoje consideraríamos pura manifestação de um sadismo doentio. No século XIII, diz Elias (1990, p. 192), "o prazer de matar e torturar era grande e socialmente permitido". Três séculos depois, no século XVI, as coisas ainda não tinham mudado muito, segundo ele conta.

---

74. A exemplo de Spierenburg (1984), Haskell (1985), Garland (1999) e Pratt (2006), entre outros.

> Na Paris do século XVI, um dos grandes prazeres nas festividades do Dia de São João [...] consistia em queimar vivos uma ou duas dúzias de gatos. [...] Certamente este não é, na realidade, um espetáculo pior do que a queima de heréticos ou as torturas e execuções públicas de todos os tipos. Apenas parece pior porque o prazer em torturar criaturas vivas mostra-se tão nuamente e sem propósito, sem qualquer desculpa aceitável pela razão. O asco despertado em nós pelo mero relato desse costume, reação que deve ser considerada "normal" pelo padrão moderno de controle das emoções, demonstra, mais uma vez, a mudança a longo prazo na estrutura da personalidade. [...] [G]rande parte do que antes despertava prazer hoje provoca nojo. [...] [A]lguém que desejasse gratificar seu prazer à maneira do século XVI, queimando gatos, seria hoje considerado "anormal" simplesmente porque o condicionamento normal em nosso estágio de civilização restringe a manifestação de prazer nesses atos mediante uma ansiedade instilada sob a forma de autocontrole (Elias, 1990, p. 201).

As aspas em "normal" e "anormal" são do próprio Elias. Elas põem em evidência um autor que não faz concessões à tergiversação: "mesmo na sociedade civilizada, nenhum ser humano chega civilizado ao mundo", diz Elias (1990, p. 15). Mesmo um ato repugnante como queimar gatos por pura distração é *normal*, dependendo do estágio civilizatório em que se está; e se nós, "civilizados", achamos que isso é *anormal*, é "simplesmente porque o condicionamento normal em nosso estágio de civilização restringe a manifestação de prazer nesses atos". Como ele diz enfaticamente, "é a estrutura da sociedade que exige e gera um padrão específico de controle emocional" (Elias, 1990, p. 199). Ponto.

O leitor já terá percebido que aqui estamos nos antípodas da visão rousseauniana do homem no estado de natureza presa de piedade à vista do sofrimento físico de outrem – inclusive dos bichos. A propósito, a remissão a um estado de natureza anterior à constituição da sociedade dos contratualistas é algo inteiramente estranho à *démarche* histórica de Elias, que, quando muito, recua apenas até o que chama de "período mais remoto da história do Ocidente" (Elias, 1993, p. 195), o que corresponderia, *grosso modo*, à Alta Idade Média, um período em que, segundo sua descrição,

> a pilhagem, a guerra, a caça de homens e animais [...] eram necessidades vitais que, devido à estrutura da sociedade, ficavam à vista de todos [e], para os fortes e poderosos, formavam parte dos prazeres da vida (Elias, 1990, p. 191).

E no entanto, voltando à questão da "irredutibilidade" da sensibilidade moderna, repito uma questão que resta irresolvida naqueles que a sentem: mesmo depois de ler Marx, Foucault, Tocqueville ou Elias – e, portanto, tornar-se *intelectualmente* esclarecido sobre as razões sociológicas do seu *sentir* –, o portador dessa sensibilidade continua a experimentar um sentimento de horror diante da imagem de um corpo que sofre, mesmo que sejam gatos. É o caso do leitor de *Vigiar e punir*, que, mesmo se convencido dos argumentos de Foucault para o abandono dos suplícios, nem por isso deixa de *sentir-se* mal ao ler o relato do suplício de Damiens; ou do leitor de *O processo civilizador* que, mesmo que concorde com os argumentos de Elias para o abandono de práticas como a queima pública de gatos, nem por isso *se sente* convencido de que a repugnância que experimenta ao ler a descrição proporcionada pelo autor é "simplesmente porque" está condicionado a não achar graça na brincadeira.

Isso dito – e aqui voltamos à sociologia "explicativa" –, é tempo de dizer alguma coisa sobre quem seriam os portadores dessa "sensibilidade". A crer nos historiadores, a repugnância frente à queima pública de gatos não é de todos os tempos nem de todas as classes. A historiografia tem por aceito que a nova sensibilidade que de meados do século XVIII em diante impulsionou o fim dos suplícios e das torturas "estava largamente confinada às classes altas e médias". Elas compunham a "sociedade educada da época que formava a opinião pública, cujos membros expressavam-se escrevendo" (Spierenburg, 1984, p. 196). Mas uma questão pode ser interposta: nada sabemos sobre a opinião dos que, em sociedades majoritariamente iletradas, obviamente não escreviam. Quem escreve é um Casanova, que estava presente no suplício de Damiens, e que sentiu repugnância. Um historiador da envergadura de Paul Veyne, num texto dedicado a Foucault e simpático às suas teses, observa que, desde a época dos combates de gladiadores, "a multidão sempre se precipitou para ver os suplícios"; e, de um jeito um tanto debochado, diz que "o humanitarismo só existe em uma pequena minoria de pessoas com nervos fracos" (Veyne, 1978, p. 387). De fato, quando a Revolução Francesa enterrou de vez os suplícios em 1791, não haviam transcorrido senão pouco mais de 30 anos desde que uma multidão ululante afluiu à praça pública em que Damiens foi trucidado. Mas a verdade é que pouco se sabe sobre o que sentiam essas pessoas, que, diferentemente de um Casanova, não publicavam seus sentimentos. É legítimo se perguntar: Não teria havido outros espectadores que de lá também saíram enojados? Da mesma maneira, pode-se questionar a respeito das pessoas que não compareciam a tais espetáculos: Não haveria, já nessa época, pessoas de "nervos fracos"?

Com o que voltamos à questão propriamente histórica e sociológica: Mas por que então só a partir do século XVIII a sensibilidade moderna tornou-se um forte movimento de opinião e adquiriu a importância no debate público que, malgrado tudo, ainda hoje ostenta? Alec Mellor, escrevendo especificamente sobre a tortura, faz nesse sentido algumas considerações interessantes. Ele lembra, em primeiro lugar, que "quase todos os antigos abolicionistas [da tortura] são teólogos ou humanistas, sábios que escrevem frequentemente em latim, para uma elite restrita" (Mellor, 1961, p. 136). Diferente disso é o contexto em que é publicado o "opúsculo de Beccaria" (*Dos delitos e das penas*), escrito em língua vernácula e "agradável de ler, acessível a todos". "Além disso – continua –, a sociedade do século XVIII prestava-se maravilhosamente à difusão do que foi chamado de ideias-força" (Mellor, 1961, p. 136-137). Essa é uma realidade bastante conhecida. No século XVIII, diferentemente do tempo modorrento em que viveu Montaigne, os burgos cresciam, a imprensa escrita proliferava, os *cafés* e "salões" se multiplicavam, reverberando as "ideias francesas" da *Grande Enciclopédia* de Diderot e de autores subversivos como Voltaire. Em uma palavra, já havia, no sentido moderno do termo, uma "opinião pública" – expressão que vimos constar na Declaração de Luís XVI abolindo a "questão prévia". Mas a questão continua: Por que razão essa "opinião pública" adotou cada vez mais a "ideia-força" da desumanidade dos suplícios e das torturas – ou seja, por que mais e mais pessoas desenvolveram um sentimento de "repugnância" frente a essas práticas?

A essa altura do livro, o leitor – se pacientemente me acompanhou até aqui – já terá percebido que explicações "materialistas" e "anti-humanistas" à la Foucault não me satisfazem. Concedo que uma expressão como "sensibilidade moderna" dá a entender que essa sensibilidade abrange todas as pessoas que vivem na *modernidade*, embora as coisas não sejam bem assim. Mas por que o "horror que inspira a crueldade física" – como defini essa sensibilidade na abertura do livro – constitui uma "ideia-força" capaz de se inscrever na história das práticas penais, como disse Alec Mellor? Confessando que não tenho uma resposta sólida e pronta, vou apelar para minha leituras. Trago aqui Charles Taylor, autor do monumental *As fontes do self* – cujo subtítulo é "A construção da identidade moderna" –, porque ele também dá peso ao poder intrínseco de certas "*idées-forces*"[75], às quais ele atribui um "papel causal" na construção dessa identidade. Como se estivesse escrevendo

75. Em francês no original.

um contraponto ao "cinismo" de Veyne, ele não hesita em afirmar que existem "configurações incontornáveis" (Taylor, 2005, p. 15); que "parece haver uma compunção natural, inata [...] de ir em socorro das pessoas feridas ou em perigo"; que "quase todos sentem essas exigências, que foram e são reconhecidas em todas as sociedades humanas"; que essa é a razão "por que pensadores do século XVIII, notadamente Rousseau, puderam acreditar numa suscetibilidade natural a sentir simpatia pelos outros". Em suma, que "existe uma objetividade moral" (Taylor, 2005, p. 17, 21). Digamos que, para o autor, é como se todas as pessoas fossem potencialmente de "nervos fracos".

E com isso volto à *piedade* rousseauniana – ou seja, à "repugnância inata em ver sofrer seu semelhante". "Repugnância *inata*"? – perguntar-se-ia, incrédulo, o leitor moderno, pouco afeito, senão hostil, a uma linguagem que cheira a jusnaturalismo empoeirado. "Inato", afinal, não nos remeteria a algo como uma natureza humana? Se fosse assim, aliás, a piedade – como disse Descartes a respeito do "bom-senso" – seria a "cousa mais bem repartida deste mundo" (Descartes, s/d, p. 59). Mas, nesse caso, como se explica que haja tanta impiedade no mundo? Permito-me aqui uma especulação que pode parecer simples devaneio. A piedade rousseauniana, lembremos, seria do homem no *estado de natureza*. Antes, portanto, do ingresso do homem na vida em sociedade e tudo que isso implica: apropriação da terra, acumulação de capital, servidão, pobreza, riqueza, impérios. Cito o genebrino:

> O verdadeiro fundador da sociedade civil foi o primeiro que, tendo cercado um terreno, lembrou-se de dizer *isto é meu* e encontrou pessoas suficientemente simples para acreditá-lo. Quantos crimes, guerras, assassínios, misérias e horrores não pouparia ao gênero humano aquele que, arrancando as estacas ou enchendo o fosso, tivesse gritado aos seus semelhantes: "Defendei-vos de ouvir esse impostor; estareis perdidos se esquecerdes que os frutos são de todos e a terra não pertence a ninguém!" (Rousseau, 1973, p. 265).

É claro que essas descrições de Rousseau, tanto quanto as dos demais contratualistas do século XVIII, não são para serem levadas ao pé da letra; elas são modelos abstratos de que esses autores, partindo de certas premissas axiomáticas – todos os homens nascem livres etc. –, se valem para construir um arrazoado que justifica a ordem existente ou propõe uma nova. Em qualquer dos casos, o fato é que, inata e comum a todos os homens, ou não, a piedade, no *estado de sociedade*, só pode ser exercida, ou não, no interior de suas instituições. Isto é: os homens, há milhares e milhares de anos, não nascem mais no *estado de natureza* – a supor que ele tenha existido –, mas na Roma dos césares, que crucificava seus inimigos; ou no Medievo da Inquisição, que queimava hereges e bruxas; ou no *Ancien Régime* europeu, que esquartejava seus criminosos; ou no mundo em que vivemos, que entulha seus delinquentes em prisões superlotadas.

Em qualquer dos casos, a população de um modo geral vive sua vida sem maiores angústias hamletianas sobre esses graves assuntos, considerando tudo isso, por assim dizer, normal. No tempo dos suplícios, pelo menos é o que dizem os historiadores, o povo acorria àqueles espetáculos e assistia a tudo aquilo no entusiasmo, ou passivamente. Nos tempos modernos, como lembra Pratt, o "processo civilizador" terminou por "excluir" as prisões do mundo civilizado, mediante a "indiferença do público". E se ninguém "sabe" o que acontece de "perturbador" por trás dos muros das prisões, é simplesmente porque ninguém se importa com isso, já que, sendo de competência das burocracias de um poder centralizado, esses assuntos desagradáveis não são de sua alçada (Pratt, 2006, p. 174).

Ao fim e ao cabo, não há nada, sociologicamente falando, que deva nos espantar. As pessoas, ou boa parte das pessoas, ou a maioria das pessoas, ou mesmo a imensa maioria das pessoas aceita com naturalidade – ou pelo menos não discute – as leis, os usos e costumes da sociedade em que nascem. Se não fosse assim, aliás, sequer haveria sociedade... nem sociologia. Estamos falando aqui, claro, de uma sociologia externalista, à maneira de um Durkheim, para quem o objeto específico da sociologia seria o que ele nomeia de "fato social", a saber: "maneiras de agir, pensar e sentir exteriores ao indivíduo, e dotadas de um poder coercitivo em virtude do qual se lhes impõe" (Durkheim, 1973, p. 390). A lei é um fato social, seja a de César, a da Inquisição, a do *Ancien Régime* ou a nossa. Ela, a lei, existe para ser obedecida e, de um modo geral, é. Mas, como sempre na gramática dos homens, há uma conjunção adversativa; sempre há aqueles que, saindo das determinações sociológicas a que estamos todos normalmente submetidos, questionam as iniquidades de que grande parte do mundo é feito. Se os suplícios e as torturas judiciais acabaram, se a prisão como "rainha das penas" é hoje em dia posta em xeque, tudo isso se deu e se dá em consequência da militância daquilo que Spierenburg chama de "sociedade educada", e Badinter de "um punhado de juristas e de militantes de direitos humanos" (Badinter, 2011, p. 43), a saber: aqueles grupos cujas ideias, visões de mundo e sensibilidade, pela influência que têm enquanto formadores de opinião, terminam se espraiando pelo conjunto da sociedade. Pretensioso ou não, confesso que gostaria de fazer parte dessa confraria.

REFERÊNCIAS[76]

ALTHUSSER, L. *Positions*. Paris: Les Éditions sociales, 1976.

A SELVAGERIA nas cidades. *Veja*, n. 1.136, 27 jun. 1990.

AZEVEDO, R. G. Encarceramento e alternativas penais no Brasil. *REGEIP. Revista Eletrônica do Grupo de Estudos e Intervenção em Matéria Penal*, vol. 1, n. 1, 2018.

BADINTER, R. *Les épines et les roses*. Paris: Fayard, 2011.

BARÓN, F.; MARTÍN, M. O Brasil se revolta a cada imagem. *El País Brasil*. 5 fev. 2014. Sociedade. Disponível em: https://brasil.elpais.com/brasil/2014/02/05/sociedad/1391629878_904406.html – Acesso em: 16 de abr. de 2025. Acesso em: 23 abr. 2025.

BAUMAN, Z. *Modernidade e holocausto*. Rio de Janeiro: Jorge Zahar Editor, 1998.

BECCARIA, C. *Dos delitos e das penas*. São Paulo: Edipro, 2015.

BECKER, H. *Outsiders*: estudos de sociologia do desvio. Rio de Janeiro: Jorge Zahar Editor, 2008.

BENASAYAG, M. *Utopie et liberté*: les droits de l'homme: une idéologie? Paris: La Découverte, 1986.

BENTHAM, J. Means of extraction for extraordinary occasions. *Bentham Papers*. University College London Library, box 74b, sheets 428-433, s/d.

BENTHAM, J. *O panóptico*. Belo Horizonte: Autêntica, 2000.

BOFF, L(eonardo) *et al*. *Revista de Cultura Vozes*. Ética e política: um desafio do cotidiano, vol. 85, n. 3, 1991.

---

76. As citações extraídas de obras consultadas em línguas estrangeiras foram traduzidas por mim.

BOTTOMS, A; HIRSCH, A. The crime: preventive impact of penal sanctions. *In*: CANE, P.; KRITZER, H. (org.). *The Oxford Handbook of empirical legal research*. Oxford: Oxford University Press, 2010.

BOUDON, R. *L'idéologie:* ou, l'origine des idées reçues. Paris: Fayard, 1986.

BURKE, P. *A Escola dos Annales (1929-1989):* a Revolução Francesa da historiografia. São Paulo: Unesp, 2010.

CARDOSO, Fernando Henrique. Assinatura do projeto de Lei sobre desaparecidos políticos. *Biblioteca da Presidência da República.* Palácio do Planalto, Brasília, 28 ago. 1995.

CARVALHO, C. MP pede *habeas corpus* para mulher presa acusada de roubar Coca-Cola, miojo e suco em pó de supermercado em SP. *O Globo*. 11 out. 2021. Brasil. Disponível em: https://oglobo.globo.com/brasil/mp-pede-habeas-corpus-para-mulher-presa-acusada-de-roubar-coca-cola-miojo-suco-em-po-de-supermercado-em-sp-25232539 – Acesso em: 23 abr. 2025.

CASANOVA, J. *Mémoires de J. Casanova de Seingalt écrits par lui-même*. Nouv. éd. Paris: Garnier, 1880.

CHEVALIER, L. *Classes laborieuses et classes dangereuses pendant la première moitié du XIXe siècle*. Paris: Perrin, 2007.

CHRISTIE, N. Los conflitos como pertinencia. *In*: ESER, A. *et al*. *De los delitos y de las victimas*. Buenos Aires: Ad-Hoc, 1992.

COMBESSIE, P. *Sociologie de la prison*. Paris: La Découverte, 2001.

CROZIER, B. *A theory of conflict*. Nova York: Scribner, 1975.

D'ARAUJO, M. C.; CASTRO, C. (org.). *Ernesto Geisel*. Rio de Janeiro: Fundação Getúlio Vargas, 1997.

D'ARAÚJO, M. C.; SOARES, G. A. D.; CASTRO, C. (org.). *Os anos de chumbo*: a memória militar sobre a repressão. Rio de Janeiro: Relume-Dumará, 1994.

DARMON, J.-J. Sous la Restauration, les juges "sondent" la plaie si vive des prisons. *In*: PERROT, M. (org.). *L'impossible prison*: recherches sur le système pénitentiaire au XIXe siècle. Paris: Seuil, 1980.

DAUDELIN, J.; RATTON, J. L. *Illegal markets, violence and inequality*: evidence from a Brazilian metropolis. Cham: Palgrave Macmillan, 2018.

DEPARTAMENTO PENITENCIÁRIO NACIONAL (DEPEN). *Levantamento nacional de informações penitenciárias.* Infopen Mulheres. Jun. 2014. Brasília: Ministério da Justiça, 2014.

DEPARTAMENTO PENITENCIÁRIO NACIONAL (DEPEN). *Guia de formação em alternativas penais II*: justiça restaurativa. Programa das Nações Unidas para o Desenvolvimento. Brasília: Conselho Nacional de Justiça, 2020.

DERSHOWITZ, A. *Why terrorism works*: understanding the threat, responding to the challenge. New Haven: Yale University Press, 2002a.

DERSHOWITZ, A. Want to torture? Get a warrant. *San Francisco Chronicle*, 22 jan. 2002b.

DESCARTES, R.. *Discurso do método*. Rio de Janeiro: Edições de Ouro, s/d.

DUPRAT, C. Punir et guérir. *In*: PERROT, M. (org.). *L'impossible prison*: recherches sur le système pénitentiaire au XIXe siècle. Paris: Seuil, 1980.

DURKHEIM, É. *As regras do método sociológico*. São Paulo: Abril Cultural, 1973.

ELIAS, N. *O processo civilizador*: uma história dos costumes. Rio de Janeiro: Jorge Zahar Editor, 1990. vol. 1.

ELIAS, N. *O processo civilizador*: formação do Estado nacional. Rio de Janeiro: Jorge Zahar Editor, 1993. vol. 2.

ENTREVISTA com Alan Dershowitz. *Veja*, n. 1.820. Páginas Amarelas, 17 set. 2003.

FALCÃO, L. M. A. *Um crime que a gente não trabalha*: o Sistema de Justiça Criminal e as lógicas organizacionais da tortura policial em Pernambuco. Dissertação (Mestrado em Sociologia) – Programa de Pós-Graduação em Sociologia, Universidade Federal de Pernambuco, Recife, 2021.

FALCÃO, L. M. A.; RATTON, J. L. Os bacharéis e a tortura: percepções de operadores do Sistema de Justiça Criminal sobre as dinâmicas da tortura policial. *Revista de Estudos Empíricos em Direito*, vol. 8, n. 1, 2021.

FARIA, F. Chocantes, latrocínios caminham junto com epidemia de roubos de SP. *Folha de S. Paulo*, 18 set. 2018. Cotidiano. Disponível em: https://www1.folha.uol.com.br/cotidiano/2018/09/chocantes-latrocinios-caminham-junto-com-epidemia-de-roubos-de-sp.shtml – Acesso em: 20 abr. 2025.

FEBVRE, L. *Martin Luther, un destin*. Paris: PUF, 2018.

FOUCAULT, M. Nietzsche, la genealogie, l'histoire. *In*: BACHELARD, S.; CANGUILHEM, G.; DAGOGNET, F.; FOUCAULT, M.; GUEROULT, M.; HENRY, M.; LAPLANCHE, J.; PARIENTE, J.-C.; SERRES, M. *Hom-*

mage à Jean Hippolyte. Paris: PUF, 1971.

FOUCAULT, M. *História da loucura na Idade Clássica*. São Paulo: Perspectiva, 1987.

FOUCAULT, M. *A verdade e as formas jurídicas*. Rio de Janeiro: Nau Editora, 2009.

FOUCAULT, M. *La societe punitive*: Cours au Collège de France (1972-1973). Paris: EHESS; Gallimard; Seuil, 2013 [trad.: *A sociedade punitiva*. São Paulo: WMF Martins Fontes, 2016].

FOUCAULT, M. *Vigiar e punir*. 42. ed. Petrópolis: Vozes, 2014.

FURET, F. *La Révolution*: 1770-1880. Paris: Hachette, 1988.

GALVÃO, J. Cerca de 62% das mortes em prisões brasileiras são causadas por doenças. *Jornal da USP*, 13 jun. 2023. Atualidades. Disponível em: https://jornal.usp.br/radio-usp/cerca-de-62-das-mortes-em-prisoes-brasileiras-sao-causadas-por-doencas/#:~:text=Segundo%20o%20Conselho%20Nacional%20de,devida%20ocorr%C3%AAncia%20de%20um%20julgamento – Acesso em: 22 abr. 2025.

GARAPON, A. A justiça reconstrutiva. *In*: GARAPON, A.; GROS, F.; PECH, T. *Punir em democracia*: e a justiça será. Lisboa: Instituto Piaget, 2002.

GARAPON, A.; GROS, F.; PECH, T. *Punir em democracia*: e a justiça será. Lisboa: Instituto Piaget, 2002.

GARLAND, D. *Castigo y sociedad moderna*: un estudio de teoría social. Coyacán; Madri: Siglo Veintiuno Editores, 1999.

GARLAND, D. *A cultura do controle*: crime e ordem social na sociedade contemporânea. Rio de Janeiro: Revan, 2008.

GARNOT, B. *Histoire de la justice*: France, XVIe-XXIe siècles. Paris: Gallimard, 2009.

GASPARI, E. *A ditadura escancarada*. São Paulo: Companhia das Letras, 2002.

GAY, P. *A experiência burguesa da Rainha Vitória a Freud*: a educação dos sentidos. São Paulo: Companhia das Letras, 1988.

GODOY, M. *A casa da vovó*: uma biografia do DOI-Codi, o centro de sequestro, tortura e morte da Ditadura Militar. São Paulo: Alameda Editorial, 2014.

GONÇALVES, C. F. Nas redes da proibição: *crack*, polícia e segurança pública na Grande Recife. *Revista Brasileira de Ciências Criminais*. Revista dos Tribunais, ano 25, vol. 129, 2017.

HARCOURT, B. Situation du cours. *In*: FOUCAULT, M. *La societe punitive:* Cours au Collège de France (1972-1973). Paris: EHESS; Gallimard; Seuil, 2013 [Trad.: *A sociedade punitiva*. São Paulo: WMF Martins Fontes, 2016.

HASKELL, T. L. Capitalism and the origins of the humanitarian sensibility. *The American Historical Review*, vol. 90, n. 2-3, 1985.

HOWARD, J. *The state of the prisons in England and Wales*: with preliminary observations, and an account of some foreign prisons and hospitals. Warrington: William Eyres, 1777.

HULSMAN, L.; CELIS, J. B. *Penas perdidas*: o sistema penal em questão. Niterói: Luam, 1993.

HUNT, L. *A invenção dos direitos humanos*: uma história. São Paulo: Companhia das Letras, 2009.

IGNATIEFF, M. *A just mesure of pain*. Nova York: Pantheon Books, 1978.

JESUS, M. G. M. Os julgamentos do crime de tortura: um estudo processual na cidade de São Paulo. *Dilemas*, vol. 3, n. 9, 2010.

JUSTIÇA de Israel permite a tortura. *Folha de S. Paulo*, 30 nov. 1996. Mundo. Disponível em: https://www1.folha.uol.com.br/fsp/1996/11/30/mundo/1.html – Acesso em: 17 abr. 2025.

KOERNER, A. Punição, disciplina e pensamento penal no Brasil do século XIX. *Lua Nova*, n. 68, 2006.

LANGBEIN, J. H. *Torture and the law of proof*: Europe and England in the Ancien Régime. Chicago: University of Chicago Press, 2006.

LASCOUMES, P. Le verso oublié du "catéchisme révolutionnaire": le Code Pénal du 6 octobre 1791. *Cahiers de Recherche Sociologique*, vol. 13, n. 2, 1989.

LASKI, H. *El liberalismo europeo*. Cidade do México: Fondo de Cultura Económico, 1953.

LECHERBONNIER, B. *Bourreaux de père em fils*. Paris: Albin Michel, 1989.

LOBO, A. *A hora do lobo, a hora do cordeiro*. Petrópolis: Vozes, 1989.

LOPES, T. M. *Audiências de custódia e encarceramento provisório*. Dissertação (Mestrado em Direito) – Programa de Pós-Graduação em Direito, Universidade Católica de Pernambuco, Recife, 2019.

LYOTARD, J.-F. *La phénoménologie*. Paris: PUF, 1986.

MAGALHÃES, M. B. Documento: manual do interrogatório. *História: Questões & Debates*, vol. 40, n. 1, 2004.

MARAT, J.-P. *Plano de legislação criminal*. São Paulo: Quartier Latin do Brasil, 2008.

MASSU, J. *La vraie Bataille d'Alger*. Paris: Plon, 1971.

MATHIESEN, T. *The politics of abolition*. Nova York: Wiley, 1974.

MATHIESEN, T. La política del abolicionismo. *In*: DE FOLTER, R. S.; STEINERT, H.; SCHEERER, S.; MATHIESEN, T.; CHRISTIE, N.; HULSMAN, L. *Abolicionismo penal*. Buenos Aires: Sociedad Anonima Editora, 1989.

MELLOR, A. *La torture*: son histoire, son abolition, sa réapparition au XXème siècle. Tours: Maison Mame, 1961.

MERLEAU-PONTY, M. Les sciences de l'homme et la phenomenologie. *In*: *Parcours deux,* 1951-1961. Paris: Verdier, 2000.

MERQUIOR, J. G. *Michel Foucault*: ou o niilismo de cátedra. Rio de Janeiro: Nova Fronteira, 1985.

MONTAIGNE, M. *Ensaios*. São Paulo: Abril Cultural, 1972.

MONTENEGRO, M. *Lei Maria da Penha*: uma análise criminológico--crítica. Rio de Janeiro: Revan, 2015.

MONTESQUIEU. *Do espírito das leis*. São Paulo: Abril Cultural, 1973.

MORE, T. *A utopia*. São Paulo: Abril Cultural, 1972.

MORRIN, E. De la torture. *France-Observateur*, n. 479, 9 jul. 1959.

NUNES, M. R. S. *A biopolítica do proibicionismo de drogas em Pernambuco*: novas práticas do velho autoritarismo do Estado "Novo" (1937-1945). Dissertação (Mestrado em História), Programa de Pós-Graduação em História, Universidade Federal de Pernambuco, Recife, 2018.

OLIVEIRA, L. *Imagens da democracia*: os direitos humanos e o pensamento político de esquerda no Brasil. Recife: Pindorama, 1995.

OLIVEIRA, L. *Do nunca mais ao eterno retorno*: uma reflexão sobre a tortura. São Paulo: Brasiliense, 2009.

OLIVEIRA, L. Ditadura militar, tortura e história: a "vitória simbólica" dos vencidos. *Revista Brasileira de Ciências Sociais*, vol. 26, n. 75, 2011.

OLIVEIRA, L. O peixinho dourado e o samurai. *Lua Nova*, n. 99, 2016.

OLIVEIRA, L. As plantas do jardim de Hulsman: discutindo o abolicionismo penal e o abolicionismo carcerário. *Revista Brasileira de Ciências Criminais*, vol. 25, n. 129, 2017.

OLIVEIRA, L. *E se o crime existir?* Teoria da rotulação, abolicionismo penal e criminologia crítica. Rio de Janeiro: Revan, 2018.

OLIVEIRA, L. Quando Casanova virou o rosto e tapou os ouvidos. *Revista Brasileira de Sociologia do Direito*, vol. 8, n. 3, 2021a.

OLIVEIRA, L. Quando um grito interrompeu a escrita de Montesquieu. *Revista Direito Mackenzie*, vol. 15, n. 3, 2021b.

OLSON, J. *Fair play*: the moral dilemmas of spying. Washington DC: Potomac Books, 2006.

OLTRAMARI, A. Esse maldito passado. *Veja*, n. 1.576. Brasil, 9 dez. 1998.

PAGNAN, R. Técnica de tortura de quebrar dedo de presos é detectada em cinco estados. *Folha de S. Paulo*, 12 jun. 2023. Cotidiano. Disponível em: https://www1.folha.uol.com.br/cotidiano/2023/06/tecnica-de-tortura-de-quebrar-dedo-de-presos-e-detectada-em-cinco-estados.shtml – Acesso em: 15 abr. 2025.

PECH, T. Neutralizar a pena. *In*: GARAPON, A.; GROS, F.; PECH, T. *Punir em democracia*: e a justiça será. Lisboa: Instituto Piaget, 2002.

PERROT, M. Tocqueville méconnu. *In*: TOCQUEVILLE, A. Écrits sur le systeme penitentiaire en France et à l'étranger. Paris: Gallimard, 1984. vol. 2.

PERROT, M. (org.). *L'impossible prison*: recherches sur le système pénitentiaire au XIXe siècle. Paris: Seuil, 1980.

PETERS, E. *Tortura*. São Paulo: Ática, 1989.

PIERRE, M. *Le temps des bagnes*, 1748-1953. Paris: Texto, 2017.

PIRES, A. A racionalidade penal moderna, o público e os direitos humanos. *Novos Estudos*, n. 68, 2004.

PRATT, J. *Castigo y civilización*: una lectura crítica sobre las prisiones y los regímenes carcelarios. Barcelona: Gedisa, 2006.

REBOSSIO, A. El dictador Videla, trasladado de su casa a una prisión militar.

El País, 11 out. 2008. Internacional. Disponível em: https://elpais.com/diario/2008/10/11/internacional/1223676013_850215.html – Acesso em: 20 abr. 2025.

RIBEIRO, C. L. F. *O mito da função ressocializadora da pena*. São Luís: Ampem Editora, 2006.

ROHMAN, F. *Hitler, le juif et le troisième homme*. Paris: PUF, 1983.

ROSENBLATT, F. F. *The role of community in restorative justice*. Londres: Routledge, 2015.

ROUSSEAU, J.-J. *Discurso sobre a origem e os fundamentos da desigualdade entre os homens*. São Paulo: Abril Cultural, 1973.

RUSCHE, G.; KIRCHHEIMER, O. *Punição e estrutura social*. Rio de Janeiro: Livraria Freitas Bastos, 1999.

SANTOS, H. L. R. Futuro pretérito da prisão e a razão cínica do grande encarceramento: três momentos de emergência de discursos, expectativas e experiências acumuladas em torno do conceito de prisão. *Revista Brasileira de Ciências Criminais*, vol. 131, 2017.

SCHEERER, S. Hacia el abolicionismo. *In*: DE FOLTER, R. S.; STEINERT, H.; SCHEERER, S.; MATHIESEN, T.; CHRISTIE, N.; HULSMAN, L. *Abolicionismo penal*. Buenos Aires: Sociedad Anonima Editora, 1989.

SCHIFFER, D. S. *Oscar Wilde*. Porto Alegre: L&PM, 2010.

SEMPLE, J. Foucault and Bentham: a defense of panopticism. *Utilitas*, vol. 4, n. 1, 1992.

SENATE SELECT COMMITEE ON INTELLIGENCE; FEINSTEIN, D.; HORTON, S; MACARTHUR, J. R. *La CIA et la torture*: le rapport de la commission senatoriale americaine sur les methodes de detention et d'interrogatoire de la CIA. Paris: Éditions des Arènes, 2015.

SOLJENÍTSIN, A. *L'archipel du Gulag*. Paris: Seuil, 1974.

SPIERENBURG, P. *The spectacle of suffering*: executions and the evolution of repression. From a preindustrial metropolis to the European experience. Cambridge: Cambridge University Press, 1984.

TAYLOR, C. *As fontes do self*: a construção da identidade moderna. São Paulo: Loyola, 2005.

TOCQUEVILLE, A. *De la démocratie em Amérique*. Paris: Gallimard, 1981. vol. 2.

TOCQUEVILLE, A. *Écrits sur le systeme penitentiaire en France et à l'étranger*. Paris: Gallimard, 1984. vol. 1.

TRINDADE, E.; PAMPLONA, P. Não desejo prisão comum nem a quem matou meu irmão, diz voluntária. *Folha de S. Paulo,* 11 out. 2017. Empreendedor Social. Disponível em: https://www1.folha.uol.com.br/empreendedorsocial/minhahistoria/2017/10/1925868-nao-desejo-prisao-comum-nem-a-quem-matou-meu-irmao-diz-voluntaria.shtml – Acesso em: 15 abr. 2025.

TWINING, W. L.; TWINING, P. E. Bentham on torture. *Northern Ireland Legal Quartely*, vol. 24, 1973.

USTRA, C. A. B. *Rompendo o silêncio*. Brasília: Editerra Editorial, 1987.

USTRA, C. A. B. *A verdade sufocada*. Brasília: Editora Ser, 2006.

VALENÇA, M. A. *Soberania policial no Recife no início do século XX*. Tese (Doutorado em Direito) – Programa de Pós-Graduação em Direito, Universidade de Brasília, Brasília, 2018.

VERBITSKY, H. *El vuelo*: la guerre sale en Argentine. Paris: Dagorno, 1995.

VEYNE, P. *Comment on écrit l'histoire*. Paris: Seuil, 1978.

VIDAL-NAQUET, P. *La torture dans la République*. Paris: Minuit, 1972.

VIDAL-NAQUET, P. Préface. L'État et le masque. *In*: BENASAYAG, M. *Utopie et liberté*: le droits d'homme, une idéologie? Paris: La Découverte, 1986.

VIDAL-NAQUET, P. *Face à la raison d'État*. Paris: La Découverte, 1989.

VOLTAIRE. *Dictionnaire philosophique*. Paris: Garnier-Flammarion, 1964.

WACQUANT, L. *As prisões da miséria*. Rio de Janeiro: Jorge Zahar Editor, 2001.

WAGNER, M. The justification of torture: some remarks on Alan M. Dershowitz's *Why Terrorism Works*. *German Law Journal*, vol. 4, n. 5, 2003.

YOUNG, J. *A sociedade excludente*: exclusão social, criminalidade e diferença na modernidade recente. Rio de Janeiro: Revan; Instituto Carioca de Criminologia, 2002.

ZAFFARONI, E. R. *Em busca das penas perdidas*: a perda de legitimidade do sistema penal. Rio de Janeiro: Revan, 1999.

ZEHR, H. *Changing lenses*: a new focus for crime and justice. Scottdale: Herald Press, 1990.

EDITORA VOZES LTDA.
Rua Frei Luís, 100 – Centro – Cep 25689-900 – Petrópolis, RJ
Tel.: (24) 2233-9000 – E-mail: vendas@vozes.com.br